Studies on Internationalization Standards of Hainan Civilized Tourism

海南文明旅游国际化标准研究

东方出版中心有限公司

图书在版编目（CIP）数据

海南文明旅游国际化标准研究 / 鲍宗豪主编 . -- 上海：东方出版中心，2021.5
ISBN 978-7-5473-1824-9

Ⅰ . ①海… Ⅱ . ①鲍… Ⅲ . ①地方旅游业 - 标准化管理 - 研究 - 海南 Ⅳ . ① F592.766

中国版本图书馆 CIP 数据核字（2021）第 079136 号

海南文明旅游国际化标准研究

主　　编　鲍宗豪
责任编辑　张爱民
封面设计　钟　颖

出版发行　东方出版中心有限公司
地　　址　上海市仙霞路 345 号
邮政编码　200336
电　　话　021-62417400
印 刷 者　杭州日报报业集团盛元印务有限公司

开　　本　710mm × 1000mm　1/16
印　　张　5.75
字　　数　150 千字
版　　次　2021 年 6 月第 1 版
印　　次　2021 年 6 月第 1 次印刷
定　　价　99.00 元

本书的前期项目为“海南文明旅游国际化标准”，该项目得到中共海南省文明委的立项支持。在本书出版之际，谨表衷心感谢！

目 录

上 编
海南文明旅游国际化标准的理论研究

第四章 文明旅游国际化标准的逻辑

第五章 海南文明旅游国际化标准的特色

第六章 海南文明旅游国际化标准的应用

下 编
海南文明旅游国际化标准体系

第七章 海南文明旅游国际化标准的概念和文件

上　编

海南文明旅游国际化标准的理论研究

在建设中国特色社会主义的新时代，为了更好地贯彻落实中央文明委《关于进一步加强文明旅游工作的意见》，推动海南在2025年基本建成具有世界影响力的国际旅游消费中心，给建设海南自由贸易试验区和探索建立中国特色自由贸易港提供重要支撑，特研究海南文明旅游国际化标准体系（简称HLG）。

第一章　海南文明旅游国际化标准的价值

旅游标准国际化是旅游目的地提升竞争力的核心要素，是推动海南建设自由贸易港，提高旅游国际化水平的有力有效抓手。研究海南文明旅游国际化标准，对于海南建设国际旅游岛、打造旅游改革创新试验区、完善海南国际化旅游公共服务体系、促进国际旅游消费中心建设，打造中国对外开放新高地，都具有重要意义。

一、有助于促进海南建设国际旅游岛

海南省地理位置独特，位于中国最南端。北以琼州海峡与广东省划界，西临北部湾与越南相对，东濒南海与台湾地区相望，东南和南边在南海中与菲律宾、文莱和马来西亚为邻，位于太平洋经济圈的中部。海南岛与夏威夷处在同一纬度，在长达 1 528 公里的海岸线上遍布世界一流的旅游资源，岛上气候宜人，矿产与动植物资源丰富。

海南省拥有优良的滨海景观、沙滩质量、海水质量和空气质量，是中国唯一可媲美国际的四季无冬旅游海岛，但其自然条件在全球看来并不罕见，与马尔代夫、夏威夷、巴厘岛等国际知名热带海岛相仿。将海南省旅游业经济总量占其整个岛屿 GDP 的比重与马尔代夫、巴厘岛、济州岛、冲绳岛、夏威夷相比较，马尔代夫 36%、巴厘岛 32%、济州岛 29.6%、冲绳岛 27%、夏威夷 21%，海南岛最低，仅为 18%。作为国际海岛旅游目的地，游客的来源以本国游客为主，马尔代夫为 64%，夏威夷为 71%，济州岛为 88%，冲绳岛为 90%，即使在全球旅游市场中极负盛名的巴厘岛，国内游客也高达 39%。

海南在全国旅游发展中处于中等水平。2019 年海南旅游总收入 1 057.80 亿元，比上年增长 11.3%，但仍然低于全国旅游收入的年均增长率（11.7%）。2019 年海南省接待国内外游客总人数 8 311.20 万人次，比上年增长 9.0%。我们将海南省与著名的旅游目的地桂林市进行比较，桂林市 2019 年接待国内外游客 1.38 亿人次，超过海南省的 5 488.8 万人次；桂林市 2019 年的旅游收入达到 1 874.25 亿元，超过海南省的 816.45 亿元。

国际旅游岛建设为海南加快旅游业发展带来了契机。2019 年，全年国内游客 60.1 亿人次，比上年增长 8.4%；国内旅游收入 57 251 亿元，增长 11.7%。入

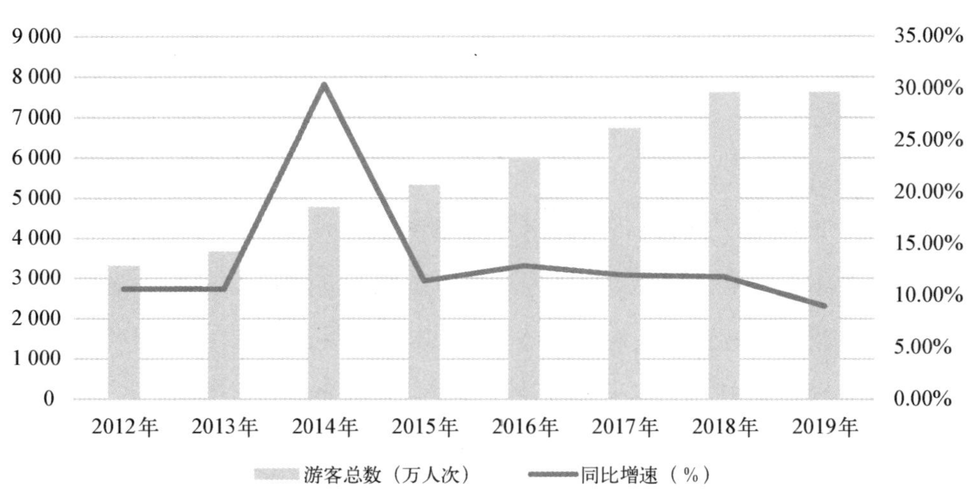

数据来源：海南统计局

境游客 14 531 万人次，增长 2.9%。其中，外国人 3 188 万人次，增长 4.4%；香港、澳门和台湾同胞 11 342 万人次，增长 2.5%。在入境游客中，过夜游客 6 573 万人次，增长 4.5%。国际旅游收入 1 313 亿美元，增长 3.3%。

2020 年，在海南自由贸易港建设开局的历史性机遇以及遭遇新冠疫情的历史性考验的背景下，全年全省接待游客 6 455.09 万人次，比上年下降 22.3%，其中过夜游客 5 457.42 万人次，下降 20.0%。接待国内游客 6 432.68 万人次，比上年下降 21.2%。入境过夜游客 22.40 万人次，比上年下降 84.4%，其中外国人 17.60 万人次，下降 83.7%；香港同胞 2.72 万人次，下降 79.0%；澳门同胞 0.47 万人次，下降 74.4%；台湾同胞 1.62 万人次，下降 92.2%，实现旅游总收入 872.86 亿元，成为全国旅游恢复情况最好的地区之一。[1]

但是，海南的旅游产业发展要为自由贸易港建设作贡献，要在增加游客接待人次、旅游的收入上实现新的跨越发展，就必须按照国际化旅游标准来推进国际旅游岛建设。法国、美国、西班牙之所以是全球入境旅游目的地的前三位，因为这三个国家除了应用欧洲旅游标准化委员会的 10 项旅游标准外，法国还制定了 20 项标准，西班牙还制定了 16 项旅游标准。因此，海南要在新时代促进旅游产业实现跨越式发展，必须按照国际化旅游标准来打造海南国际旅游岛。

二、有助于打造我国旅游改革创新试验区

依据《海南省旅游发展总体规划（2017—2030）》的发展目标，到 2020 年海南将打造成我国旅游业改革创新试验区，创建全域旅游示范省。旅游服务设施、经营管理和服务水平与国际通行的旅游服务标准全面接轨；旅游国际知名

[1] 来源：2020 年海南省统计公报。

度、美誉度有较大提高；旅游产业质量和效益全面提升；在旅游综合管理、旅游投融资、旅游业发展引导、旅游公共服务、旅游市场监管等方面取得改革突破。到2020年，旅游总人数超过8 000万人次，年均增长7.4%；接待入境游客超过120万人次，年均增长12.5%；旅游总收入超过1 000亿元，年均增长10.4%。

从2019年1月23日海南省召开的全省旅游和文化广电体育工作会议发布的数据看，2018年海南接待国内外游客7 600多万人次，同比增长11.8%，其中入境过夜客超过126万人次，同比增长12.9%。[1] 上述数据表明，海南已初步实现了2020年海南旅游业发展目标。但是，从2019年2月27日国家文化和旅游部发布的数据看，全国31个省市自治区2018年接待游客总量海南排在倒数第4位，为0.76亿人次，旅游总收入为950亿元。[2] 从2018年全国各省旅游总收入来看，广东排名第一，前五位依次为广东（1.36万亿）、江苏（1.32万亿）、山东（1.046万亿）、四川（1.01万亿）、浙江（1.00万亿），均破万亿元大关。海南950亿元与第一名的广东1.36万亿元相比，仅是前者的七分之一。

再从2019年中国旅游城市排行榜来看，海南只有三亚进入49名，相比2018年下降2位，但是三亚旅游总人数、旅游总收入都排在第50名，旅游基础设施排在第49名，只有旅游业收入比重排在全国第3名，旅游交通便利度在全国50个城市排在第37名。[3]2020年，三亚在该榜单上排名第48，比上一年提升1位。[4] 海南要真正成为旅游改革创新试验区，首先必须要在文明旅游的标准

---

[1] “海南2018年接待国内外游客7 600多万人次”，新华网海口，2019年1月25日。

[2] 参见国家文化和旅游部发布数据，2019年2月27日。

[3] 参见“2019年中国旅游业最发达城市排行榜：北京、重庆、上海连续三年领衔前三，成都、西安提升很快”，界面新闻2019年9月27日发布。

[4] 参见“2020年中国旅游业最发达城市排行榜：北京、重庆、上海连续四年领衔前三”，界面新闻2020年9月30日。

化、国际化方面有所突破，这样才能逐渐增加旅游收入，提升在全国31个省市自治区旅游业的排名。

三、有助于完善海南国际化旅游公共服务体系

《海南省旅游发展总体规划（2017—2030）》中提出了“国际化旅游公共服务体系规划”，同时从“四级交通系统”“三类服务设施”“全域旅游服务中心”三个方面规划国际旅游。

（一）改造基础设施

推动海南全省各市县和小镇进行旅游化改造，积极推进旅游厕所、旅游停车场、旅游休息设施、无障碍设施的建设，不断提升旅游设施品质。推进景区、酒店等旅游经营和公共服务场所的多语种标识标牌建设。

（二）增设休闲设施

按照“布局合理、特色突出、服务完备”的要求完善休闲服务设施。引入国际水准、本土特色的餐饮街、免税购物商店、旅行体验商店、剧院等休闲业态，加快建设一批休闲街区、休闲步道、休闲广场和城市公园绿地。

（三）提升旅游“软服务”水平

全省开展“友好海南”“志愿者服务”“优质服务主题年”三大活动，深化城市居民和旅游从业者的服务意识，全面提升城乡旅游软服务水平，实现国际化、一体化；在三类设施中，无论是硬件和软件中设施都要借鉴“国际化标准”，与“国际化标准”接轨，这样才能高起点、高标准地推进海南国际化旅游公共服务体系的发展和完善。

四、有助于建成国际知名旅游消费中心

海南要建设具有世界影响力的国际消费中心，就要按照国际化标准化要求，打造文明旅游产品。今后 5 年，海南应打造以下六大类国际化旅游产品。

（一）海洋旅游

整合滨海旅游资源，着力打造一批滨海精品度假项目，培育一批具有国际水平的滨海休闲度假品牌。继续推进海棠湾、亚龙湾、清水湾等热带滨海休闲度假海湾建设，加快三亚亚特兰蒂斯、儋州海花岛、国际旅游岛先行试验区海洋欢乐世界等一批滨海旅游综合体开发。

以西沙邮轮旅游为基础，积极推进海陆空立体旅游方式，做好相关岛屿旅游服务设施建设。强化三沙生态环境保护，发展岛礁观光旅游，逐步构建海洋生态观光、海洋休闲运动、海岛养生度假、海岛蜜月风情四大特色品牌。加强海南邮轮航线与国内滨海城市、港口的航线对接，大力发展环海南岛邮轮旅游，推动开辟海南与“21 世纪海上丝绸之路”沿线国家之间的跨国邮轮航线和“泛南海”邮轮航线。提升海口秀英港邮轮综合配套服务能力，加快建设南海明珠邮轮港，推进三亚邮轮母港二期工程建设。

培育帆船、游艇大众消费市场。逐步开放岸线和水域范围，推动简化游艇审批手续，放宽航行条件，降低准入门槛和游艇登记、航行旅游、停泊、维护的总体成本。在海口、三亚重点发展大型综合性游艇码头，在儋州、琼海、文昌、万宁、澄迈、陵水等地重点建设以滨海度假及旅游为依托的游艇码头。

（二）康养旅游

加快建设医疗健康旅游项目。重点发展特许医疗、健康管理、照护康复、

医学美容和抗衰老等产业，形成完整的医疗健康产业链。推动海口、三亚中医医疗旅游示范基地建设，大力发展中医养生康复疗养旅游。鼓励优质医疗机构扩大疗养服务范围，支持建设集休闲度假、医疗服务于一体的休闲疗养项目。大力推进博鳌乐城国际医疗旅游先行区、万宁东山康城、万宁国际长寿论坛永久会址等项目建设。

提升温泉旅游产品品质。对接国际标准，以温泉休闲度假为核心，开发中医康疗、养生运动、美容美体等配套产品，提升打造海口观澜湖、三亚南田、儋州蓝洋、琼海官塘、万宁兴隆、保亭七仙岭 6 大精品温泉旅游产业聚集区。支持开发文昌官新、万宁尖岭、东方马龙、澄迈九乐宫、定安久温塘、屯昌青奥、陵水高峰、琼中上安、昌江霸王岭、白沙木棉 10 个温泉旅游度假区。培育和发展一批具有国际竞争力的温泉品牌。

大力发展养生旅游产品。在海口、三亚、儋州、琼海、万宁、乐东等地建设一批生态养生服务基地，加强养生公共服务设施建设，合理规划布局交通、邮电、商业服务、医疗卫生机构等设施，实现海南“候鸟式”旅游度假向全年养生休闲度假转变。重点促进养老旅游向高端化、品质化转型，优化养生旅游产品结构。

（三）文体旅游

提升文化旅游氛围。深入挖掘海南特色的历史、民俗、艺术等文化元素，以多种可视化方式展现、打造第一印象区和城市印象街区，提高城市门户形象。集聚打造不同主题的文化旅游片区和多条文化旅游走廊。

开发文体旅游产品。依托海南民族民俗文化特色，不断扩大海南黎族苗族传统节日“三月三”规模和影响力，提高黎祖祭祀庆典活动知名度，大力弘扬传承海南少数民族传统文化。将更多的本土文化元素注入到“吃、住、行、游、购、娱”等旅游要素中，提升保亭槟榔谷、琼中什寒村等一批民族风情旅游村寨的文化品质，增强游客文化体验感。

发展节庆活动和演艺市场。打造东坡文化节、冼夫人文化节、换花节、七仙温泉嬉水节、潭门赶海节和万宁、陵水中华龙舟大赛等特色节庆品牌。将“海南国际旅游岛欢乐节”办成国际性旅游节庆品牌，结合环海南岛国际公路自行车赛举办“国际骑行节”。

加强旅游与体育赛事融合。创建国家体育旅游示范区，继续办好环海南岛国际大帆船赛、环海南岛国际公路自行车赛、万宁国际冲浪节等国际赛事。全力打造海南大型综合性体育场馆和体育旅游设施，承办大中型国内外体育赛事。

（四）会展旅游

进一步办好海南世界休闲旅游博览会、海南国际海洋旅游博览会、海南国际美食博览会等大型旅游展览。提升三亚海天盛筵、三亚国际热带兰花博览会等会展品质。

建设会展场馆。充分发挥海南国际旅游岛优势，提升海南国际会展中心的综合功能，推动三亚、儋州、琼海等地会展场馆建设。重点推进海口湾灯塔酒店、三亚国际会展中心、儋州海花岛、中非（海南）合作示范区等项目建设及综合利用，打造一流的国际交流中心、大型会议中心、世界博览广场。

（五）乡村旅游

突出海南特色，形成若干具有全国乃至国际影响力的乡村旅游品牌，鼓励发展乡村旅游新业态，注重特色文化村庄的保护和利用。

依托海南乡村生态、气候优势，坚持梯次推进、生态优先、突出特色原则，注重保持乡村自然、人文环境原真性。深度挖掘海南乡村民族民俗文化，结合热带高效农业，开发具有海南特色的乡村旅游产品。

（六）森林生态旅游

有序建设湿地公园、森林公园。推进东寨港、清澜港等自然保护区为主体的滨海红树林湿地国家公园建设，完成湿地资源摸底调查，做好沿海湿地红树林生态修复工作，建立湿地公园和保护小区。发挥海南热带森林旅游资源优势，科学规划和建设尖峰岭、吊罗山、蓝洋、海口火山、七仙岭等 9 个国家森林公园。通过生态廊道和生态型交通网建设，使海南岛热带雨林集聚区的 28 个森林公园以及滨海湿地贯通连片，整体打造海南热带雨林品牌。

第二章　文明旅游标准的国际化视野

新时代，中国通过“一带一路”“全球治理”等战略引领新型全球化。在新型全球化的推进下，中国公民的出国游、国外友人的入境游越来越多。可以说，在新型全球化背景下，旅游标准体系的构建必须充分借鉴并吸收国际旅游标准。

一、国际旅游业标准的“四化”趋势

（一）规范化

旅游业规范化就是要对旅游的各项规定进行量化、标准化，实现规范化的管理模式。这是旅游标准化的更高层次的表现方式，这需要更高的管理水平和运作方式，是适应时代发展的需要。

（二）网络化

网络化是指要实现旅游企业经营管理的电脑智能化、自动化、现代化，运用电脑决策支持系统等。对旅游预订网络、经济信息网、统计网络等旅游相关网络加大建设力度，加大各个旅游景点及航空、饭店的网络建设。实现旅游各个环节的网络化，节约旅游的时间成本。与此相适应，因信息技术革新，一些传统的经营、营销、管理方法也发生了改变，逐渐向网络化、高智能化、集团化转变。

（三）信息化

建立畅通无阻的旅游信息网络和优良的旅游信息服务体系，构建良好的旅游信息系统，使旅游走上真正的信息化道路。约翰·奈斯比特早在《大趋势》中曾这样预言：电信通信、信息技术和旅游业将成为 21 世纪服务行业中经济发展的原动力。就新时代中国的旅游业情况而言，这已经不仅仅是预言，而是变成了现实。旅游信息服务体系、旅游信息系统、旅游信息网络的紧密结合造就了旅游业的信息化，产生了一种巨大的驱动力，同时也给予中国旅游业更大的生机和活力。旅游信息系统将在全球普及，帮助人们更好地出行。

（四）一体化

一体化就是要使旅游统计、旅游市场营销、旅游经营管理三者紧密结合，造就旅游的全球预订，呈现出全球旅游一体化的无国界状态。近年来，在网络化、智能化和信息化的时代背景下，国与国之间的间隔正在被打破，全球一体化已成为大势所趋。

二、借鉴国际旅游业标准

（一）国际旅游业标准分类

国际旅游产业标准化的实施始于 20 世纪 80 年代，距今已有三十多年的历史。世界各个国家和组织在推进旅游标准化的过程中，多借助已有的标准化机制和建设经验，来探索适合自身的旅游标准化发展模式，因此旅游标准化建设呈现出多样化发展的态势。虽然我国旅游业标准化建设较早，但旅游业发展具有其自身的复杂性、综合性以及标准化建设的长期性，导致了目前国内对旅游业标准化的研究还处于起步阶段，暂时还没有研究出相对成熟的发展模式，开展这方面研究显得非常迫切。标准是指对重复性事情和概念所作的统一规定。而标准化是指在经济、社会、技术与管理等活动中，对重复性事项和概念通过制定、实施标准，达到统一，获得最佳秩序和效益的过程。旅游业隶属于服务业，由于旅游业所具备的文化特征不太容易定义，也不太容易标准化。

目前，就国际层面而言，标准化旅游活动主要有 ISO 的“旅游及其相关服务”技术委员会（ISO/TC228），而就区域层面而言，只有欧洲标准化协会（CEN）的“旅游服务”标准化技术委员会（CEN/TC329）。一方面旅游业继承了服务业难以进行标准化的特征，另一方面旅游业因涉及较广泛、行业范围交叉的特征，更加凸显出其行业的模糊性，从而决定了对国际和区域旅游标准化的研究和活动的不活跃。

1. 国际层面的旅游标准化：ISO“旅游及其相关服务”技术委员会（即 ISO/TC228）

ISO/TC228 于 2005 年 1 月正式成立，秘书处设于西班牙标准化和认证协会（AENOR），国际标准化组织（ISO）的成员国一共有三个级别：P–成员国（是指“Participating Member”，参与成员国）、O–成员国（是指“Observers”，观察者）和一般性的成员国。目前共有正式 P 成员 45 个，O 成员 12 个。根据 ISO 的投票规则，只有 P–成员国的投票才为“有效”，而 O–成员国的投票仅仅在其投出“No”票时才被计入考虑。

2. 区域层面的旅游标准化：欧洲标准化委员会“旅游服务”技术委员会（CEN/TC329）

从区域层面入手，世界上目前只有欧洲标准化委员会（简称 CEN），是欧盟官方认可的三大标准化机构之一，同时也是国际旅游标准化领域的主导力量，拥有诸多国际一流的制定旅游标准化的机构。该组织成立于 1996 年，在德国标准化委员会（简称 DIN）下设立了 5 个工作小组，各种标准均由各工作组秘书处进行组织研究并制订。

1991 年 6 月，CEN 与 ISO 在维也纳签订《ISO 与 CEN 技术合作协议》（The Agreement on Technical Cooperation between ISO and CEN）即《维也纳协议》（Vienna Agreement），赋予了欧洲在旅游业标准化领域特殊的主导地位，许多欧洲标准都被上升为国际标准。20 世纪 90 年代初欧洲着手对服务标准化进行基础研究，他们高度重视并利用标准增加包括旅游在内的跨国服务贸易的透明性和安全性，不但大力支持欧洲标准化机构对于服务标准化现状、服务标准编制机制创新、服务标准战略进行研究，还对民间咨询机构开展相对应的研究进行资金支持。这些也为欧盟在世界旅游标准化工作中占领导地位奠定了坚实的基础。

（二）国际和区域层面旅游业标准现状

截至 2010 年 12 月，ISO/TC 228 已发布了 9 项国际标准，已制定、待发布的标准有 9 项，各类标准的研究和制定由各工作组秘书处负责，由西班牙标准化和认证协会（AENOR）负责研究制定饭店术语标准，由奥地利标准研究（Austrian Standards Institute，简称 ASI）负责研究制定潜水标准，由哥伦比亚标准技术和认证学会（简称 ICONTEC）负责研究制定海滩服务标准。

截至 2010 年 7 月，欧洲标准化委员会“旅游服务”技术委员会共发布标准

10项，其中饭店术语标准和6项潜水服务系列标准直接被ISO/TC 228引用，上升为国际标准。此外，滑雪场地游客运动和旅游安全的标准草案《旅游及体育的电动扶梯安全—主要用于滑雪区客运服务》也编制出台。

（三）西班牙、德、法、美等国旅游标准化

法国、美国和西班牙是全球入境旅游目的地的前3位。这3个国家除了采用了欧洲旅游标准化委员会的10项旅游标准外，法国一共制定了20项标准，西班牙制定了16项旅游标准，德国也有2项旅游标准。市场和企业的需求促进了旅游标准的产生和制定。西班牙设定标准的重点集中在住宿业、海滩、水疗、会议场所、旅游中介商服务要求及各种休闲活动中；法国对于统一旅游信息、葡萄酒旅游、休闲活动旅游以及提供无障碍设施方面的旅游标准的制定相对重视，这也是刺激两国成为入境旅游大国的重要因素之一。德国虽然只有2项旅游国标，但是关于休闲运动的标准则非常齐备并且精确，截至2010年已达到60项之多，这也是由德国国民出游率高，需要保证居民出游安全的市场需求所决定的。

美国是“旅游及其相关服务”技术委员会（SAC/TC228）的官方观察员。美国的第一大服务贸易行业正是旅游业，对于国家层面的旅游业的行政管理由商务部国际贸易管理局进行负责，而其下属的服务局和制造业设立了12人组成的“旅行和旅游行业”办公室，负责履行“评估旅游业对行业贡献”的统计系统管理等相关职能；就州层面的旅游业管理情况而言，绝大多数州都建立了专门的旅游办公室，每年政府会划拨数千万美元用于支持旅游业的发展。

第三章　海南文明旅游国际化标准的原则和方法

一、研制基本原则

“文明旅游国际化标准”的研究和编制突出以下五大原则：

（一）科学性

科学系统地研究和编制一个反映新时代需求，具有中国特色并融入国际化标准，能引导海南文明旅游不断提高的评价标准系统。

（二）导向性

“文明旅游国际化标准”是对文明旅游提高“旅游文明程度”的方向、水平的引导。因此，指标的选取、指数的形成均应客观、科学、合理，从整体上发挥“国际化标准”的导向功能；同时，“文明旅游指数”又能引导我们在原有基础上发现新的薄弱环节、新的差距，从而有针对性地解决这些问题，提升社会文明程度。

（三）可比性

1. 国际化标准中的指标要有相对独立性，不能交叉重叠，否则就无法比较；同时，指标又要反映不同城市或不同区域文明旅游中共同的东西，只有在相对一致的条件下，才能比较两个具体评价对象在这一方面量的差异；

2. 对不同地区进行横向比较，除指标的口径、范围必须一致外，一般用相对数、比例数、指数和平均数等进行比较；

3. 文明旅游国际化标准尤其强调旅游文明水平、文明程度的纵向比较，以便对文明旅游进行跟踪研究，发现提升文明旅游的轨迹。

（四）操作性

国际化标准的数据可采集、可采信，并可长期跟踪研究，以从指数的波动曲线中发现文明旅游的发展规律。

（五）前瞻性

“文明旅游国际化标准”评价指标体系的设计，既要有一些具有前沿性、引领性的指标，如文明旅游信用管理、文明旅游智能化服务、创新发展文体旅游等，又要留有一定的空间，能预测不同时期、不同阶段提高市民文明旅游素养、文明旅游行为养成的重点，能预测不同时期城市文明旅游、全域文明旅游提高“文明旅游程度”的新需求，并将其转化为评价与监测指标。

二、研制的方法

研制“文明旅游国际化标准”的方法涉及三大层面：一是设计与架构全国“海南文明旅游国际化标准”体系所运用的方法；二是采集海南“海南文明旅游

国际化标准”各类数据所运用的方法；三是数据分析处理和研究的方法。

（一）架构“文明旅游国际化标准”的方法

1. 指标、指数的挑选建立在效度、信度和效用等标准之上。

2. 运用聚类分析（把各种指标归类、划分成“群”，通过矩阵重新排列的行和列来揭示不同类指标的相互作用）以及路径分析、因子分析等方法，保证对文明旅游国际化标准体系多变量评估与考量的准确性、合理性。

3. 通过主成分分析，根据“海南文明旅游国际化标准”不同指标对“国际化标准”体系的贡献度，确定每一指标的权重。

（二）采集“文明旅游国际化标准”各类数据的方法

1. 网上申报

（1）从每年的《统计年鉴》中收集海南各县市相关数据；（2）从国家相关部委网站（如“文化旅游部”对各省市自治区以及宾馆、景区景点等）、各省市以及相关城市网站收集相关数据；（3）各市县根据指标网上申报相关材料。

2. 实地考察

主要的点位类型：游客中心、旅游饭店、旅游景区、特色旅游街区、旅游厕所、旅游乡镇、共享农庄、旅游汽车、旅游购物区、游客公共服务区（游客购物中心、机场、码头、汽车站、停车场等）。

3. 旅游年鉴

文明旅游的一些客观指标数据，如“各月入境旅游人数”“国际旅游（外汇）收入构成”“入境过夜游客人均天花费构成”等，可从各省市自治区的“旅游年鉴”中搜集，这些指标数据客观、可采集且可常态化跟踪监测。

（三）数据分析与处理方法

对通过网上申报、实地考察以及从统计年鉴采集的大量数据，可运用以下方法进行分析与处理：

1. 模糊性指标的处理

在文明旅游国际化标准体系中，既包括客观的定量指标，又包含主观的模糊指标。对于模糊数据，需要进行量化处理，定量数据则完全一样。

2. 数据的无量纲处理

考虑到文明旅游国际化标准体系中的各种属性指标的单位不同，无法直接进行比较；而且这些不同属性指标对社会文明度、特质与走势的影响方向也不相同，有些为正向指标，即该类指标越大，其对文明旅游的增强作用越大；有些则为反向指标，该类指标值越大，其对文明旅游的削弱作用越强。所以需要对现有数据进行无量纲处理，以保证数据之间的可比性。

3. 指标系统的因子分析

因子分析是主成分分析的推广，也是多元统计分析中降维的一种方法。对海南文明旅游国际化标准体系的因子分析主要应用在两个方面，一是简化观测系统；二是根据因子得分值，可以对不同指数系统、同一指标在不同时段的得分等进行排序和比较。文明旅游指标采用因子分析法，利用 SPSS 统计软件，对各指标系统的评价过程进行因子分析，提取主因子，并评价各指数系统对主因子的依赖程度，进而计算得到各因子及各指数系统综合得分。

三、确定指标权重方法

指标权重反映的是每一条指标在整个指标体系中的地位和作用，是指标重要性程度的数量化表示，权重值越大，该指标在评价体系中就越重要。假定指标 a

的权重是 6.85，指标 b 的权重是 5.75，则指标 a 的重要性高于指标 b。但要形成合理的指标权重，是一项极其复杂的工作。为此，我们通过以下原则和方法来解决。

（一）关于确立指标权重的原则

一是目标原则。对一个城市、一个地区文明旅游水平的测评目标是要形成一整套系统的量化指标来衡量文明旅游，而不是测评“现代化城市”“城市竞争力”，也不是评价“卫生城市”“环保城市”。因此，指标的选择，尤其是指标权重的确立，都要侧重于“文明旅游”城市，换句话说，具有“文明旅游”的特征，能反映或揭示城市“文明旅游”水准的指标——如“旅游产品”“旅游环境”等指标，应赋以较高的权重。

二是需求原则。指标权重的确立，必须满足“文明旅游”的不同类型、不同层次的需求。从不同类型的需求来看，“基本指标”是文明旅游的最基本要求，也是揭示城市“文明旅游”程度所需要的最基本的指标；“特色指标”则以各城市在文明旅游方面已取得的具有标志性的创建成果，来满足文明旅游城市所具有的个性、特殊性需求。

三是实效原则。为了使文明旅游的测评避免“形式主义”“走过场”，我们在权重的设置上必须体现“重实效”的促进文明旅游的原则。

四是平衡原则。在《文明旅游国际化标准体系》中，不同的指标由于其满足测评的需求不同，地位和作用不同，因此具有不同的权重。但是，在不同指标权重的确立过程中，必须兼顾整体的协调与平衡，也就是说，每一部分、每一条指标权重的确立，一方面不能孤立地认定与赋值，必须考虑与其他指标权重的隶属、关联，考虑每一条指标在整个指标体系中的贡献度；另一方面，指标权重高低的差异，尤其是相关度大的指标的差异，不能太大，应有一个合理的认定，以避免指标之间的失衡。因此，我们采用“主成分分析法”作为确定每一测评项目、每一条指标权重的基础。

（二）形成指标权重的方法

《文明旅游国际化标准体系》指标权重的确立，是一个过程。在这个过程中，我们通过运用主成分分析法、层次分析法与主观赋权法相结合确定权重的方法，形成文明旅游国际化标准体系测评指标的权重。《文明旅游国际化标准体系》指标权重的研制，分 3 个阶段进行。

第一阶段，我们重点运用了主观赋权方法。首先，明确指标的隶属度。如在“基本指标”中，我们根据确立指标权重的目标原则、需求原则和实效原则，按照“文明旅游标识”“旅游服务”“文明旅游环境”等顺序，确立指标隶属度。

其次，专家和实际工作者对指标权重的赋值。2019 年以来，以专家与实际工作者对文明旅游权重的赋值为基础，又先后 3 次约请全国有关职能部门、华东理工大学、北二外旅游、上海部分高校以及研究院等 60 名有关领导、专家，由他们对文明旅游测评体系的指标进行赋值。从最后的统计结果分析 60 份有效问卷的选择意见，即文明旅游指标的权重数值、隶属度分析，与我们在对预选指标体系定性研究时所得到的权重数值、隶属度分析的结果基本一致，它也在一定程度上反映了预选指标时的研究程序和统计方法的科学性与可行性。

同时，根据专家和实际工作者对指标权重的排序，具体采用“分级赋权法”。先确定权重数值区间的上下边界，然后进一步将这个数值区间划分为五个小区间，同时把测评体系中的所有指标按其重要程度从高到低划分为五类，每类对应于一个小区间，最后把每类指标的权重在它们所属的小区间范围内精确化，从而确定指标的权重。

五类指标与权重数值区间的对应关系为：ⅰ类（5.95—6.85）；ⅱ类（4.85—

5.75）；ⅲ类（3.75—4.65）；ⅳ类（2.65—3.55）；ⅴ类（1.55—2.45）。

“分级赋权法”的特征是：指标体系的权重之和无须事先设定（也不要求为整数），每个指标的权重仅仅根据其在指标体系中的重要性程度确定，只要每个指标的权重确定了，指标体系的权重之和就确定了。其优点是，（1）权重赋值相当自由（每个指标的权重不受固定数值限制，不会出现为了凑足整数而牺牲指标重要性的情况）；（2）权重赋值更为简单高效（如果增减指标，也无须对其他指标的权重进行调整）。

指标得分=（指标权重 ÷ 测评项目所有指标的权重之和）× 测评项目分数 × 指标状态值。

第二阶段，我们着重运用客观赋权方法，即主成分分析法，继续完善指标权重。

从理论上讲，主成分分析法的最大优点是，能够保证权重的客观性。主成分分析法是在已有的数据基础上确定各指标对测评结果的贡献度，指标值的差异度越大，其对整个指标体系的贡献度就越大，其在指标体系中的权重当然就越大。

在实际测评中，主成分分析法有两大优势：一是运用主成分分析法确定权重，有利于拉开各被测评城市之间的差距，起到把最优秀的城市选拔出来的作用；二是运用主成分分析法还可以吸引被测评城市在权重大的指标上花功夫，使得各市县弥补自身在文明旅游标准化建设方面的缺陷，起到引导文明旅游标准化建设走上全面、健康发展道路的作用。

第三阶段，运用层次分析法，对权重作微调。

主成分分析法突出的是贡献度；我们结合对调研文明旅游城市指标的实际得分分析后发现，有些指标（如文明旅游标识、文明旅游环境等）虽很重要，但由于各市县普遍重视，加强了创建力度，都做得较好，结果该指标的贡献度低了，分数也低了。为此，我们还是从“指标重要性”的角度，召开几次座谈会，筛选出必须加大权重的指标；同时，课题组又运用“层次分析法”，给筛选出的指标打星号（这些指标分为普通级、一星级、二星级、三星级、四星级），并根据这些指标的“星级”对权重作微调；在对这些指标权重微调后，我们又以“A 状态”为目标，进行了反复的运算，最后确定指标权重。

第四章　文明旅游国际化标准的逻辑

根据文明旅游国际化标准的内在逻辑，从六大板块构建海南文明旅游的国际化标准体系：一是文明旅游标识；二是文明旅游产品；三是文明旅游服务；四是文明旅游管理；五是文明旅游环境；六是文明旅游行为。

一、文明旅游国际化标准的逻辑框架

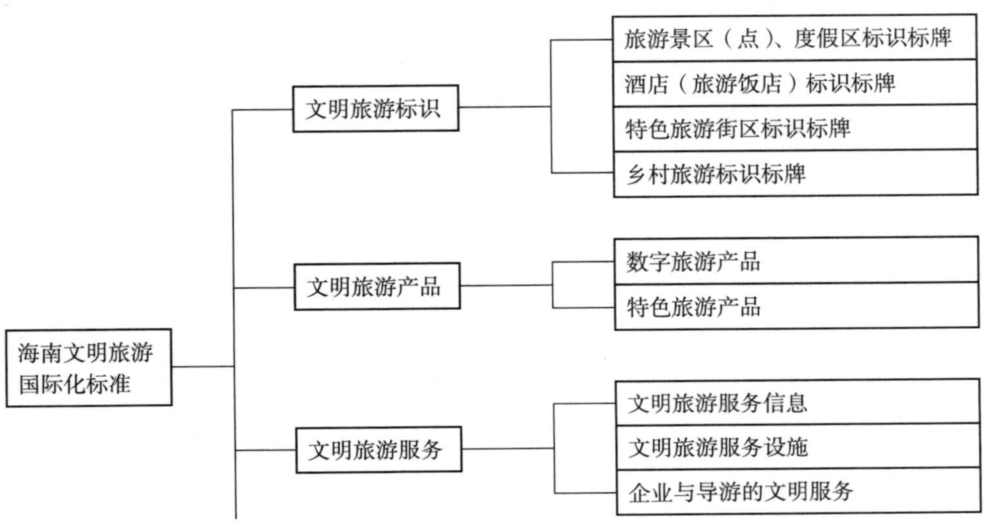

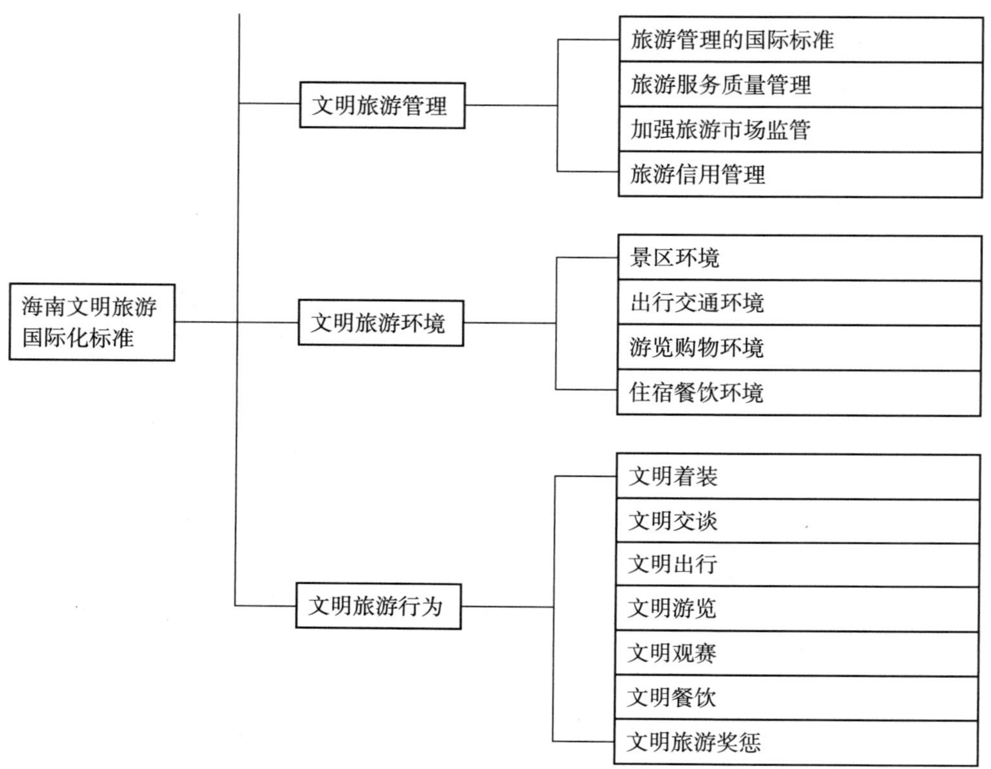

二、文明旅游国际化标准的逻辑关系

文明旅游国际化标准体系既是对旅游文明的一种倡导引导，又是对一个城市、一个地区文明旅游水平的评价。文明旅游既是对游客的要求，也是对政府部门管理者的要求。对一个城市、一个地区的旅游是否文明的评价，既是游客视觉中的“文明”，游客感觉中的“文明”，也是对政府部门提供的文明旅游“设施”、文明旅游“管理”的评价。同时，游客和管理者的文明行为、文明素养，又交织在一起，通过“文明旅游的环境”来实现、来展示。立足推进海南文明旅游，借鉴国际旅游标准，构建的海南文明旅游国际化标准体系，其内在逻辑结构如下。

（一）文明旅游标识

文明旅游标识是对旅游景区景点、旅游度假区、旅游特色街区、宾馆饭店、乡村等视觉文明的一种评价，是游客对旅游景点、场所等是否“文明”的第一印象、第一评价，也是对游客是否认知文明旅游、学会文明旅游、养成文明旅游行为的要求和引导。

（二）文明旅游产品

旅游是一种文化休闲产品，是为了满足人民群众日益增长的文化休闲需要而提供的一种产品。提供旅游产品不仅是为了给人民群众有更多更好的旅游选择，而且是为了引导人民群众在旅游休闲中感受“美丽中国”，休闲养性、健康体魄、陶冶情操，提高文化素养。同时，旅游产品是否“文明”，不仅关系到人民群众能否真正享受好的旅游产品，而且关系到旅游产品提供厂家、提供单位的“信用”及其产品的竞争力。因此，设置“文明旅游产品”的目的是通过激励供应商为人们提供更多更好的旅游产品，满足人民日益增长的旅游需求。

文明旅游产品结合海南的特点，评价海南“数字旅游产品”和“特色旅游产品”。

（三）文明旅游服务

文明旅游服务是游客对一个景区、度假区，对一个旅游城市、旅游地区是否文明的直觉和感受。虽然是游客的直觉感受，但它是游客对不同景区、度假区等旅游场所“文明”或“不文明”，文明水平高低的综合判断，也是对不同景区、度假区提供文明服务的综合评价。所以，在游客视觉评价文明旅游之后，以游客对文明服务的整体感觉综合判断文明旅游。

文明旅游服务从“文明旅游服务信息”“文明旅游服务设施”“企业与导游的文明服务”三个层面评价旅游服务。

（四）文明旅游管理

文明旅游的产品、文明旅游的消费，离不开旅游市场的监督、管理。所以，在文明旅游服务之后，设置了“文明旅游管理”项目。

“文明旅游管理”突出四个维度：一是旅游管理的国际标准；二是旅游服务质量管理，鼓励开展旅游企业质量等级和诚信等级评定；三是加强旅游市场监管，尤其是重点旅游市县要积极探索建立旅游警察队伍和工商系统旅游市场监管机构；四是旅游信用管理，要加强旅行社的旅游合同管理，各级旅游主管部门应当按照管理权限和属地管理原则建立以旅游经营服务不良信息为基础的旅游经营服务信用档案。

（五）文明旅游环境

文明旅游环境，既包括“软环境”，也包括“硬环境”。如果说，“文明旅游标识”“文明旅游产品”“文明旅游服务”是文明旅游的“软环境”，那么，“景区环境”“出行交通环境”“游览购物环境”“住宿餐饮环境”则是“文明旅游”的“硬环境”。

按照“文明旅游的国际化标准体系”，打造文明旅游的“软”“硬”环境，这不仅是“标准化体系”的内在逻辑，而且是提升海南旅游竞争力，促进海南国际旅游岛建设，促进海南建设自由贸易试验区，打造中国特色自由贸易港的“软环境”“软实力”。

（六）文明旅游行为

海南同城“一体化”推进全域文明旅游，依据有关法律、法规，游客的文明旅游应遵守“文明着装”“文明交谈”“文明出行”“文明游览”“文明观赛”“文明餐饮”和“文明旅游奖惩”规则。

第五章　海南文明旅游国际化标准的特色

海南文明旅游国际化标准，具有国际性、系统性、本土性、普适性、可操作性五大特色。

一、特色之一：文明旅游标准的国际性

海南市场和企业的需求促进了旅游标准的产生和制定。文明旅游标准的研制，先后比较和借鉴了美国、德国、法国、日本等三十多个国家的旅游标准。

（一）国际层面的旅游标准化：一是 ISO“旅游及其相关服务”。到 2010 年 12 月，ISO/TC 228 已发布了 9 项国际标准，已制定、待发布的标准有 9 项。如由西班牙标准化和认证协会（AENOR）负责研究制定饭店术语标准，奥地利标准研究（Austrian Standards Institute，简称 ASI）等；二是全球可持续旅游目的地标准（GSTC-0）。

（二）区域层面的旅游标准化：欧洲标准化委员会“旅游服务”，如潜水服务条例标准。

（三）西班牙、德、法、美等国家旅游标准化。这三个国家除了采用了欧洲

旅游标准化委员会的 10 项旅游标准外，法国一共制定了 20 项标准，西班牙制定了 16 项旅游标准，德国也有 2 项旅游标准。

借鉴旅游的国际化标准，不仅使海南的文明旅游站到了“国际化”的高度，而且对海南提高旅游产业的竞争力，扩大海南旅游的“国际化”影响力具有重大影响。

二、特色之二：文明旅游标准的系统性

一是选取评价指标的系统性。借鉴 ISO 国际旅游标准机构通过“物理层”“数据联络层”“网络层”“七层协议”指标的方法，从“文明旅游标识”“文明旅游服务”“文明旅游产品”等 6 个方面，筛选 93 条评价指标，评价文明旅游。

二是评价文明旅游点位类型的全面系统性。对海南文明旅游的评价，不仅有景区、景点、度假区、旅游饭店等主要旅游场所，还包括旅游公路、旅游交通干线、游客集散地、乡村旅游点、特色旅游小镇等三十多类旅游点。

三、特色之三：文明旅游标准的本土性

文明旅游标准的本土性有三：一是文明旅游国际化标准的制定，依据了中央、国家部委以及海南省有关旅游的文件，如国家发改委《海南省建设国际旅游消费中心的实施方案》《海南省旅游发展总体规划（2017—2030）》《海南省旅游标识标牌建设规划（2017—2020）》等 12 个文件；二是体现海南旅游的本土特色，如海南的“海洋旅游”“康养旅游”“森林生态旅游”等；三是体现海南旅游的民族文化特色，如海南黎族苗族传统节日“三月三”，黎族祭祀庆典活动以及保亭槟榔谷、琼中什寨村等一批民族风情旅游村寨的本地特色文化。

四、特色之四：文明旅游标准的操作性

文明旅游标准体系，通过实地考察、问卷调查、材料审核（包括网上材料审核），采集相关景区景点等旅游景点的数据，经过计算分析，便可计算出不同景区景点的得分和排序，可操作性强。

五、特色之五：文明旅游评估的可复制性

文明旅游国际标准体系，虽然是为海南所研制，但是对其他省市、其他地区的文明旅游标准化评价，具有可复制、可操作性的特点。

第六章　海南文明旅游国际化标准的应用

为了全面提升旅游服务质量和国际化水平，为建设中国特色自由贸易港营造旅游文明环境，助力海南建设成为具有世界影响力的国际旅游消费中心，提出在全省开展文明旅游国际化行动，具体方案如下。

一、应用的总体要求

以习近平新时代中国特色社会主义思想为指引，认真贯彻习近平总书记“4·13”重要讲话和《中共中央国务院关于支持海南全面深化改革开放的指导意见》精神，按照海南建设具有世界影响力的国际消费中心的部署要求，坚持海南旅游服务设施、旅游服务与国际通行旅游服务标准全面接轨的基本原则，着力提升海南文明旅游环境的国际化、文明旅游服务的国际化、文明旅游素养的国际化水平，努力促进海南建设具有较高国际知名度、美誉度、开放度和可持续发展的世界一流旅游目的地和国际旅游消费胜地。

二、应用的基本原则

首先，对标国际准则，营造文明氛围。紧扣海南文明旅游环境的国际化、文明旅游服务的国际化、文明旅游素养的国际化，展示海南文明旅游的国际化水平，引导全省人民积极踊跃参与到文明旅游国际化行动中来，形成“海南齐行动、文明你我他、旅游国际范”的生动局面。

其次，突出行动重点，注重文明实践。紧密结合海南自由贸易港和国际旅游消费中心建设的需求，促进公民践行文明旅游行为的要求，提高文明旅游的素养，展示世界一流旅游消费胜地的文明旅游形象。

再次，坚持人民至上，力求游客满意。要把开展“文明旅游国际化行动”的过程变成展现海南自由贸易港良好社会文明风尚的过程，成为海南人民追求文明化、拥抱国际化的过程，不断提高海南文明旅游的信誉度、广大群众的获得感、世界游客的满意度。

三、应用的重点内容

（一）加快文明旅游环境国际化行动

1. 完善文明旅游的外语标识

公共场所外语标识引导。在各市（县）人民政府及其所属部门、其他公共机构的服务窗口，应急避难场所，机场、火车站、港口、码头、汽车客运站、轨道交通站点，在道路、餐馆、旅游景区、酒店、博物馆、图书馆、体育场馆、市民游客中心、城市综合公园、公共广场、医疗卫生机构、教育机构、加油（气）站和公共厕所等公共场所，设置、使用外语标识。外语标识标牌，应符合外语译写规范国家标准、行业标准和地方标准。

旅游景区（点）、度假区外语标识标牌。在旅游景区（点）、度假区附近公共交通站点及停车场，设置引导游客文明旅游的中英文全景图和景区介绍牌，标识均应有图形符号和相应中英文；游客中心的旅游导览图、旅游信息有中英文导向标识，景区（点）和度假区内的餐饮、购物、急救、住宿、公厕、停车场等场所有中英文引导标识。借鉴国外提供多语种讲解服务经验，游客服务中心为游客提供文明游览的多种语音（主要有中英文）的讲解服务。

酒店（旅游饭店）外语标识标牌。酒店各区域、各部门均应同时使用中英文，借鉴美国、日本星级酒店的管理；服务台、大堂、餐厅、楼层、会议中心、康体中心等要有文明旅游的标识和氛围，能让游客感受微笑迎客、微笑服务；在客房电梯口设置残疾人和老年人专用电梯，并在电梯旁的标识牌上，明确标示楼层，禁烟层要有禁烟图标。每个客房里应有中英文的告示牌，粘在房门背后："请打扫房间"或"今天不需要清扫""请不要打扰""请更换床单和枕套"。

特色旅游街区外语标识标牌。提供特色旅游街区内中英文的步行街街区导向图、商业街街区导向图、文化街街区导向图、美食街街区导向图及其他街区导向图等；特色旅游街区设置中英文旅游信息咨询服务中心、游客中心等标识标牌；在特色街区推广、销售海南黎锦苗绣、椰壳贝艺、海南木雕、椰子食品、咖啡茶叶、热带水果 6 大特色商品以及特色美食，应设置中英文导向标识牌和位置标识牌。

乡村旅游外语标识标牌。在乡村入口附近设置中英文位置标识牌（村名牌）；在乡村内的主要道路交叉路口附近或人行道路旁设置中英文信息导向标识牌，如历史文化名村、传统村落、特色景观旅游名村和农家乐与文化活动中心、特色旅游观光基地等相应的导向标识牌；对有当地特色的景点设置中英文详细介绍，如古建筑（古民居、古桥、古巷、古井、古路）、古树、古文物、古村落、历史文化遗产等需设置景点介绍牌。

2. 优化文明旅游的国际语言环境

从业人员的外语培训。落实《海南省全面提升公民外语水平行动方案》精神，在公安、交通、旅游、文化、卫生、新闻、商业为代表的公共服务各窗口行业开展外语培训，实现从业人员外语专项培训的常态化。

外语技能人才以及外语培训志愿服务。在全省服务行业特别是公共交通、酒店餐饮、社会零售等领域实施外语技能人才就业促进计划；依托社区文化站等开设外语培训志愿服务点，制定相关激励政策，鼓励在琼外国人和本土外语人才参与外语培训志愿服务。

外语宣传和外语服务。在单位、社区以及公共服务场所张贴简单的日常外语宣传画，利用多媒体、电视等播放日常外语视频等，营造文明旅游的国际语言环境。政府及其部门以及主要涉外企事业单位对外门户网站提供多种外语版本选择，大型国际性会议采用双语主持，加快建设城市多语言服务系统。

（二）强化文明旅游服务的国际化行动

1. 提高窗口单位文明旅游的服务水平

窗口单位要有懂英语交流的人提供服务。在饭店、购物店、机场、火车站、汽车站、码头设立外国乘客服务窗口，或根据实际需要安排具有英语交流技能的工作人员提供服务。

酒店（旅游饭店）主动提供多语种服务。酒店安排多语种工作人员，佩戴相关语种标识，主动用外语向外籍客人致问候语，询问住客个性化需求，提供旅游咨询服务，提供海南官方旅游信息资料；客房提供英文版服务菜单、设施及安全须知和每日天气、出海情况等温馨提示卡片；餐厅提供英俄韩文版配图式菜单；尊重不同国家游客的文化和饮食习惯，服务人员主动询问用餐个性化需求和用餐禁忌；海滨服务提供多语种说明的安全警示语及救生设施；安全员掌握基本英语交流技能，用英语提醒下水安全事宜。

加强旅游服务质量建设。积极改善司机服务水平，司乘掌握基本英语问候语，热情友好为乘客服务，主动为乘客提拿行李；工作期间不嚼槟榔、不穿拖鞋、不用对讲机聊天，不索取小费；乘客上车前提前打开空调；上高速前提醒乘客系安全带。各市（县）发起实施出租车、公交车、旅游巴士“车辆更整洁、司机更文明、运行更准时”大行动。

2. 完善文明旅游咨询服务体系

以全面实现旅游信息和消费信息咨询、旅游线路和交通运输查询与预订四大功能为导向，提高服务人员外语沟通水平和综合服务能力，增强其对咨询中心（点）周边交通出行、美食、住宿、商业、娱乐等旅游基本信息的掌握度。

在机场、车站、商场、博物馆、酒店、景区等公共场所，采取政府直接投资运维、委托代管或购买服务等方式，完善海南旅游咨询服务中心体系建设，重点为游客提供订票、订房、订餐、异地返程呼叫等中英文服务。

12301 旅游服务热线，要提供英、俄、韩、日等多种语言 24 小时旅游咨询服务。开发涉及“吃、住、行、游、购、娱、康、养、学、闲、情、奇”等内容并涵盖英、俄、日等多语言版本的海南旅游官方 APP。利用大数据、云计算、物联网等新技术提升海南旅游信息咨询智慧服务水平。

3. 加强文明旅游服务质量管理

导游在各旅游目的地，应能用中、英、俄、日文等多种语言如实向游客介绍该地区、该景区的商品内容与特色，如实向游客介绍该景区合法经营的购物场所。导游不得向旅游者兜售物品或者购买旅游者的物品，不得以明示或者暗示的方式向旅游者索要小费；导游进行导游活动，不得与经营者串通欺骗、胁迫旅游者消费。

完善旅游团队电子行程服务管理系统建设和管理，开展旅游企业质量等级和诚信等级评定，根据旅游企业不同信用等级实施分类管理。

建立企业文明旅游产品质量主体责任制，明确企业法定代表人或主要负责人对文明旅游质量负首要责任，企业质量主管员负直接责任；严格执行重大旅游质量事故报告及应急处理制度，切实履行文明旅游质量担保责任与法定义务，依法承担文明旅游质量损害赔偿责任。

4. 加强文明旅游市场监管

完善旅游市场综合治理工作机制，形成责权统一、职责清晰的旅游市场监管格局；强化市场监管长效机制，加强对游客文明旅游行为的引导，落实游客不文明行为记录制度。

加强旅游市场综合执法，建立旅游与公安、市场监督、文旅、卫生、气象等部门协调配合的旅游市场治理联动机制和联合执法队伍，重点打击严重扰乱市场秩序的“黑社”“黑导”“黑车”“黑网站”和诱导、欺骗、强迫游客消费等行为。

文旅、市场监督、价格、商务、外汇等有关部门建立对旅行社、旅游景区、旅游饭店、旅游车船、旅游购物场所、乡村旅游点、家庭旅馆、旅游商品生产企业等涉旅企业或单位，以及导游等涉旅从业人员的监督管理机制；定期对旅游合同、旅游服务、旅游安全、财务账簿等情况进行监督检查，实现监督工作经常化、制度化、规范化。

5. 促进文明旅游信用体系建设

建立旅游信用档案。根据国家文旅部有关建立在线旅游行业信用档案的要求，文旅行政部门应在线审查旅游管理机关的评价记录、合作企业间互评记录、游客评价记录等内容；旅游企业和从业人员登记信息、良好信息、投诉信息、行政许可、列入经营异常名录或严重违法失信企业名单、行政处罚等信息，一并列入信用记录。

鼓励和开发“税易贷”“信易贷”等守信激励产品。鼓励和引导经征信业监督管理部门、征信机构或评级机构，依法采集、利用旅游市场的信用信息，对旅游市场经营主体开展信用评估，为交易当事人提供信用服务。引导金融机构和商业销售机构参考使用旅游市场主体的信用信息、信用积分和信用评价结果，给予文明旅游市场主体“税易贷”等优惠和便利。

（三）提升公民文明旅游素养的国际化行动

1. 提高文明交往的素养

公民出入公共场合、参加公共活动，着装应得体大方，禁止赤膊、裸露身体，禁止在公共海滩、公共浴场裸晒、裸泳。

尊重各国文化风俗，了解文化习惯，熟悉文化禁忌。注重国际交往文明礼仪，交谈体现敬意、友善，使用文明用语和礼貌用语。

禁止在公共场所大声喧哗。旅游从业者积极宣传告知文明旅游的行为规范，引导旅游者健康、绿色、文明旅游，及时劝阻不文明行为。

2. 养成文明出行的良好行为

公民乘坐公共交通工具，主动为老、幼、病、残、孕乘客让座，依次序先下后上，不影响驾驶员安全驾驶，不在公共交通工具内饮食或者携带散发异味的物品，不干扰驾驶人安全驾驶。

公民驾驶机动车出行，应主动避让执行紧急任务的消防车、救护车、工程救险车、警车等应急车辆，盲人在道路上通行，车辆应当避让。在通过没有交通信号、交通标志、交通标线的交叉路口、积水路段时，车辆应当减速慢行。驾驶和乘坐机动车等交通工具时，不得将身体任何部位和携带的物品伸出车外，不得向车外抛撒物品，不强行变道加塞，不在禁止鸣笛区域或路段鸣笛。

公民出行停放车辆，应在规定范围内停车，不占用人行道、盲道、消防通道、应急车道、无障碍停车位和公交站点停车，不持续占用公共停车泊位。维护道路交通安全，禁止在机动车道内进行兜售、发送物品，发插卡片广告或者乞讨等妨碍交通安全的行为。

3. 形成文明游览的习惯

公民在景区（景点）游览，要遵守社会公德，依次序进出游览区域，遵守游览区域的拍照、录音、摄像规定。爱护文物、热爱自然环境，不乱刻乱画，不随地便溺、吐痰，不乱扔果皮、纸屑、烟蒂、口香糖，不乱吐槟榔渣、甘蔗渣，矿泉水瓶等生活垃圾应入箱或自己带回，鼓励纠正其他游客的不文明行为。

在英雄烈士纪念设施、爱国主义教育基地等场所瞻仰、祭扫、参观时，遵守祭扫制度和礼仪规范，不污损相关设施。提倡文明观赛（演），遵守观赏礼仪，服从现场管理，凭票有序排队按时进场，不插队、不抢座。观看体育比赛、文艺演出时尊重他人，服从现场管理，遵守场馆秩序和礼仪规范，文明喝彩助威。

4. 倡导文明餐饮的生活方式

提倡文明健康、科学绿色的生活方式，保持个人良好卫生习惯，不滥食野生动物。

倡导“公筷公勺”用餐，餐饮单位根据用餐人次、规模合理配足备齐公筷公勺，推广自助餐、“分餐制”。

倡导餐桌礼仪，遵守用餐秩序，公共场合排队就餐保持“文明一米线”。自觉遵守餐饮场所道德规范，不大声喧哗，不在公共场所吸烟，不带宠物进入餐厅。

践行“光盘”行动、文明用餐，提倡勤俭节约，告别“爱面子、讲排场、比阔气”消费陋习，适量点餐，合理消费，剩菜打包，养成节约习惯。餐饮企业诚实守信经营，食材选择符合食品安全标准，经营场所干净、整洁、卫生。

下　编

海南文明旅游国际化标准体系

为了更好贯彻落实中央文明委《关于进一步加强文明旅游工作的意见》，推动海南建设具有世界影响力的国际旅游消费中心，建设海南自由贸易区和探索建立中国特色自由贸易港提供重要支撑，制定本标准（简称HGB）。

本标准主要依据以下文件给出的法律法规和标准化工作导则起草：

1.《中华人民共和国旅游法》（2013年）

2.《中华人民共和国国家标准》（GB/T1.1–2009）

3. 中央文明办、国家旅游局《中国公民出境旅游文明行为指南》《中国公民国内旅游文明行为公约》（2006年10月）

4.《中华人民共和国旅游法》（2013年4月）

5. 中央文明委《关于进一步加强文明旅游工作的意见》（2014年）

6. 国家旅游局《关于全面推进旅游标准化试点工作的通知》（2010年3月）

7. 国家旅游局《旅游市场监督检查规范（试行）的通知》（2011年1月）

8. 国家旅游局《旅游质量发展纲要》（2013—2020年）

9.《旅游不文明行为记录管理暂行办法》（2015年4月）

10.《旅游经营服务不良信息管理办法（试行）》（2015年7月）

11. 国务院《中国公民出国旅游管理办法》（2017年3月修订）

12. 国家发改委《海南省建设国际旅游消费中心的实施方案》（2018年12月）

13. 中央文明委《关于深化群众性精神文明创建活动的指导意见》（2017年4月5日）

本标准根据中共海南省文明委的文明旅游国际化标准而编制。

本标准起草单位：上海宗恒信息科技有限公司。

本标准主要起草人：鲍宗豪　向　昆　鲍　琳　陈新光　宋　婕　王翰姣　岳　伟　张爽爽

第七章　海南文明旅游国际化标准的概念和文件

一、范围

本标准规定了海南文明旅游国际化标准的依据、基本要求和评价。

本标准适用于海南省各市县创建全国和海南省的“文明旅游示范区”，提高海南全域文明旅游的国际化水平，向世界展示中国特色自由贸易港、国际旅游岛的文明风范。

二、规范性引用文件

下列文件对于本文件的应用是必不可少的。凡是注有时间的引用文件，仅所注时间的版本适用于本文件。凡是不注时间的引用文件，其最新版本（包括所有的修改文本）适用于本文件。

LB/T 010-2011　城市旅游集散中心等级划分与评定

LB/T 047-2015　旅游休闲示范城市

GB/T 18973-2016　旅游厕所质量等级的划分与评定

旅游不文明行为记录管理暂行办法（2016 年 5 月）

LB/T 069-2017　　旅行社在线经营与服务规范

LB/T 016-2017　　温泉旅游企业星级划分与评定

GB/T 35556-2017　　滨海景区沙滩管理要求

中华人民共和国旅游法（2018 年修正版）

GB/T 36738-2018　　工业旅游景区服务指南

LB/T 075-2019　　文明旅游示范区要求与评价

LB/T 071-2019　　文明旅游示范单位要求与评价

LB/T 073-2019　　旅行社旅游产品质量优化要求

LB/T 079-2020　　旅游基础信息资源规范

LB/T 080-2020　　旅游信息资源交换系统设计规范

三、术语和定义

下列术语和定义适用于本文件。

（一）文明旅游国际化标准（International Standard of Civilized Tourism）

从“文明”标志一种“文明状态”和进步趋势而言，“文明旅游”既是对旅游是否“文明”的判断，又是对旅游应不断走向“文明”的引导，因而“文明旅游”的国际化标准是一种借鉴并融入旅游国际化标准（包括国家各种旅游标准）、评估和引导海南文明旅游的标准体系。

文明旅游国际化标准体系，从文明旅游的供给侧而言，主要包含：文明旅游标识、文明旅游产品、文明旅游服务、文明旅游管理、文明旅游环境和文明旅游行为。

（二）文明旅游示范城市（Civilized Tourism Demonstration City）

文明旅游示范城市，是在文明旅游标识、文明旅游产品、文明旅游服务、文明旅游管理、文明旅游环境和旅游文明行为方面达标，且城市文明旅游信誉度和市民满意度高，对海南其他市县具有示范效应的旅游城市。

第八章　海南文明旅游国际化标准

一、文明旅游标识国际化标准

按照国际化、标准化原则，全面提升国际旅游岛的公众视角形象和服务质量。

（一）旅游景区（点）、度假区标识标牌

1. 在旅游景区（点）、度假区附近公共交通站点及停车场，设置旅游景区（点）度假区的“入口”导向标识，入口设置引导游客文明旅游的中、英、俄文全景图和景区介绍牌，各入口的位置标识（如团队入口、散客入口、无障碍入口等），标识均应有图形符号和相应的中、英、俄文。

2. 售票处设有现役军人、残疾人等特殊游客的售票窗口，售票窗口上方设有对所提供的票务服务用中、英、俄文予以说明，如种类、价格、所涵盖项目，以及引导游客文明旅游的标识。

3. 为游客提供文明旅游服务的导向位置标识牌（标明服务设施或服务功能所在位置）、导向标识牌（指示通往预期目的地路线）、平面示意图（包含大幅面的旅游交通图、旅游区全景图、导游图、导览图等）；在游览步道的起点处设置游览步道路线图，标识牌由方向箭头、文字内容构成，标识牌均应有相应的

中、英、俄文字组成。

4. 游客中心有旅游区全景图（导览图）、旅游信息的中英俄文导向标识，景区（点）和度假区内的餐饮、购物、急救、住宿、公厕、停车场等场所有引导标识。借鉴国外提供多语种讲解服务经验，游客服务中心为游客提供文明游览的多种语音（主要有中英俄语）的讲解服务。

5. 借鉴美国、日本等国的公厕标识图文，全省各地的公厕中英俄文标识要醒目美观，建筑造型景观化。依据国际级旅游厕所标准，以及国家旅游局 GB/T 18973 标准，开展各市县旅游厕所质量等级的划分与评定。

6. 在旅游度假景点处设置的中英俄文景点介绍牌，应突出文化性和特色性。为防止游客不文明、不安全行为，在有潜在危险的地点设置安全标识牌：在海滩上按照《水域安全标志和沙滩安全旗》（GB/T 25895–2010）的要求设置水域安全标识和沙滩安全旗；在林区设置禁止烟火等符合《安全标志及其使用导则》（GB 2894–2008）要求的安全标识；根据需要设置劝阻标识牌，如不宜拍照的旅游景点应设置“请勿拍照”标识牌。

7. 旅游公共服务区如机场、动车站、长途汽车站、码头、港口等，作为海南国际旅游岛的第一窗口形象，其图形标识和文字引导，必须大气、美观、清晰，并有中英俄文说明。

（二）酒店（旅游饭店）标识标牌

根据 ISO9000 国际酒店标识标准（酒店 VIS 视觉形象识别系统），酒店和旅游饭店标识标牌应符合如下标准：

1. 酒店各区域、各部门均应同时使用中英俄文：服务台、大堂、餐厅、楼层、会议中心、康体中心等，要有明确的导向感。引导标识的文字及图案内容清晰、直观，品质、韵味高尚，造型、风格适当。根据当地少数民族聚居情况和主要旅游客源市场情况，可选用相应的少数民族文字或其他语种的文字。

2. 酒店的公共区域（Public Area），借鉴日本星级酒店的管理：服务台和大堂要有文明旅游的标识和氛围，能让游客感受微笑迎客、微笑服务；客房电梯（Guest Elevator），在电梯口设置残疾人和老年人专用电梯，并在电梯旁的标识牌上，明确标示楼层，禁烟层要有禁烟图标。每个客房里应有中、英、俄文的告示牌，粘在房门背后："请打扫房间"或"今天不需要清扫""请不要打扰""请更换床单和枕套"。

3. 酒店的餐厅，要尊重不同国家游客的文化和饮食习惯，有通用的中英俄文点餐单，还有一些适应不同国家饮食习惯个性化菜单。

4. 有条件的星级宾馆要有 1—2 个楼层专门为信奉伊斯兰文化或基督教文化的客房，让各国游客有宾至如归的感觉，体现海南国际旅游岛的开放包容风范。

（三）特色旅游街区标识标牌

根据中华人民共和国旅游行业标准——《旅游特色街区服务质量要求》（LB/T 024-2013），海南各市县的特色旅游街区的标识标牌应符合如下标准：

1. 提供特色旅游街区内主要自然地理、公共设施位置分布信息和导向信息的简化地图，包括中、英、俄文的步行街街区导向图、商业街街区导向图、文化街街区导向图、美食街街区导向图及其他街区导向图。

2. 特色旅游街区设置中、英、俄文旅游信息咨询服务中心、游客中心，餐饮场所、住宿场所、购物场所、急救场所、公共卫生间、停车场、无障碍设施等相关场所的旅游标识标牌。

3. 在特色街区推广、销售海南黎锦苗绣、椰壳贝艺、海南木雕、椰子食品、咖啡茶叶、热带水果 6 大特色商品以及特色美食，传播海南特色文化，并为这些特色商品、特色食品设置中、英、俄文导向标识牌和位置标识牌。

（四）乡村旅游标识标牌

借鉴法国、德国等欧洲旅游行业标准，全省各地乡村文明旅游的标识标牌应符合以下要求。

1. 在乡村入口附近设置中、英、俄文位置标识牌（村名牌）；在乡村内的主要道路交叉路口附近或人行道路旁设置中、英、俄文信息导向标识牌，如历史文化名村、传统村落、特色景观旅游名村和农家乐与文化活动中心、体育活动场所、垃圾处理、公共厕所、特色旅游观光基地、家庭旅馆（乡村民宿）、卫生室（所、站）、学校、客运站（农村公交站）等相应的导向标识牌。

2. 对有当地特色的景点设置中、英、俄文详细介绍，如古建筑（古民居、古桥、古巷、古井、古路）、古树、古文物、古村落、历史文化遗产等需设置景点介绍牌。

3. 对游客的文明行为和安全进行中、英、俄文提示：不在文物古迹上涂刻，不攀爬触摸文物，拍照摄像遵守规定。乡村内有危险隐患的地点应设置相应的安全标识，如“禁止游泳”“当心碰头”等，乡村内宜设置劝阻标识，如“请勿吸烟”“请勿乱扔废弃物”等。

二、文明旅游产品的国际化标准

随着大数据、物联网、虚拟现实、人工智能等信息技术的快速发展，海南正在通过智慧旅游的转型升级，推出数字化文明旅游与各种特色旅游产品。

（一）数字旅游产品

根据 2020 年 3 月 18 日文化和旅游部要求“扩大优质数字文旅产品供给”的精神，依据《旅游资源分类国家标准》《旅游景区（点）质量等级的划分与评定》等提出数字化景区要求。

1. 数字化景区系统

景区游客服务系统。规范建设：线上票务系统（预约 / 购票 / 统计）、景区信息展示发布、无人售验票、人证比对、刷脸入园、客流 AI 智能监控 / 统计分析、AR 智慧导览 / 视频讲解、AR 实景导航、VR 虚拟体验 / 仿真互动、景点 VR/ 全息 / 多媒体展示、VR 购物、VR 直播、旅游大数据智能可视化平台、大数据建模、景区智慧营销、智慧旅游服务平台等。

景区一卡通系统。景区一卡通系统要实现：常用操作（挂失、解挂、换卡、补卡、开户、撤户、信息修改、充值、取款、月补）等功能，达到方便、快捷，并即时生效；同时要有餐饮住宿、电子门票、消费券管理、其他收费等功能。

电子门票系统。分步推进全岛景区的电子票务：县实现景区网络购票，并有与之相配套的验票码的生成、编码、发码、验码、管理功能；签发数字证书、确认用户身份等电子交易安全服务，游客免排队换票可直接凭票务二维码或身份证入园。

文物数字化。海南对“东坡书院”、美榔双塔、定安古城遗址等 35 项国家重点文物以及省级红色文物的数字化，应包括：从数据采集到数据加工、存储、集成、服务等方面的标准，并能推动文物数字化与旅游融合发展。

2. 数字旅游智能系统

智能服务。利用云计算、物联网等新技术，为上岛游客量身定做 3D 高清吃、住、行、游、购、娱的一体化综合型智能服务系统，依据高效、准确的大数据分析上岛游客的来源、喜爱的饮食种类、青睐的酒店类型、热衷的娱乐方式、购物的消费标准等。

智能查询。要为游客提供可快捷查找景点、美食、酒店、公厕、停车场，为游客提供掌握风景区每个景点的人流，指导游客出行；游客出现意外，系统能够很快了解现场情况并安排最近的救助。

消费支付电子化。景区、酒店、旅游风情小镇以及乡村旅游点要实现景区、餐饮点、购物场所、娱乐场所的消费支付电子化。

WiFi 网络建设。覆盖范围包括旅游咨询服务中心、公共交通枢纽候客区、酒店大堂和餐饮区、景区游客集散中心和餐饮购物区、免税购物店等区域，为游客提供免费、便捷的互联网接入服务。

数字化专题游。按照数字化、人性化、国际化景区要求，打造海南数字化品牌产品："滨海 3 日游""中医养生保健 2 日游""温泉度假 2 日游""森林生态 3 日游""苏东坡和黎文化 3 日游"等专题；将人工智能机器人应用于数字化特色旅游平台，为游客提供 3D 高清实景、吃住行游购物咨询、导航、验证等服务。

数字化自助游。数字化自助游应基于游客手机的 GPS、GIS 定位游客位置，通过短信、彩信、语音 / 视频，提供导游信息服务。如短信 / 彩信导游要具有短信景点定位、旅行导航等功能。系统通过调用定位服务获取游客当前位置，向游客发送导航彩信，以地图的形式给游客展示出从现地点到目标地点的行驶路线，提升自助游服务品质与游客感受。

（二）特色旅游产品

1. 滨海旅游。根据国家滨海旅游有关防止污水污染、油类污染、不合理的开发和建设等要求，丰富海南滨海旅游产品，引导滨海观光向滨海度假发展。根据国家景区景点建设标准，监测海棠湾、亚龙湾、清水湾、石梅湾、神州半岛、龙沐湾、棋子湾、博鳌、海口西海岸等热带滨海休闲度假精品海湾的文明旅游。

2. 游艇休闲游。根据 2019 年国家《游艇安全管理规定（修订）》，已建或正在建设的秀英港、金沙湾、半山半岛、凤凰岛、红塘湾等 14 个帆船、游艇码头以及帆船、游艇旅游俱乐部，要符合有关水上交通安全和防治污染、检验和登记等要求，促进互联互通的环海南岛游艇休闲旅游线路的形成。

3. 邮轮旅游。根据交通运输部《关于推广实施邮轮船票管理制度的通知》，要做到：邮轮船票直销、实施凭证上船、实施游客信息提前申报与共享，推广使用行李信息条和加强部门协作监管，建立完善与国际接轨、具有中国特色的邮轮运输旅游产品标准，解决国际邮轮进入海南后由旅行社营销而产生的诸多纠纷。

4. 康养旅游。按照国家旅游局的《国家康养旅游示范基地标准》（2016 年 1 号）有关环境、旅游服务管理、服务质量、无障碍设施等要求，常态化地开展对博鳌乐城国际医疗旅游先行区的健康管理、照护康复、医学美容和抗衰老等产业的第三方监测评估，为游客提供体检、健康管理、医疗服务、康复等中医养生康复疗养的服务，满足境内外游客的休闲疗养需求。

5. 温泉旅游。定安久温塘、文昌官新、万宁尖岭、屯昌青奥、琼中上安、陵水高峰等 10 个温泉旅游度假区的建设，要符合《温泉旅游度假区服务质量规范》关于安全标志、环境空气质量、地表水环境质量标准，酒店（饭馆）要符合服务设施、安全管理、健康卫生管理、服务人员与服务质量的要求。

6. 休闲旅游步道。按照“IVV 国际步道标准”的建设、管理和运营模式：规范优化海南的“休闲旅行步道”，推进海南全民徒步健身户外运动的国际化、专业化。

7. 按照文明旅游的服务与管理要求，做好每年海南黎族苗族传统节日“三月三”、黎祖祭祀庆典活动，提升保亭槟榔谷、陵水椰田古寨、琼中什寒村等一批民族风情旅游村寨品味，增强游客文化体验感。办好环海南岛国际大帆船赛、环海南岛国际公路自行车赛、万宁国际冲浪节、海口及儋州国际马拉松赛、观澜湖世界女子高尔夫锦标赛、高尔夫明星赛等国际赛事，将“海南国际旅游欢乐节”办成国际性旅游节庆品牌。

三、文明旅游服务国际化标准

（一）文明旅游服务信息

1. 依据《国际信息安全管理标准体系》BS7799（ISO/IEC17799），建立完善信息传递机制，规范旅游企业的信息提供行为，对旅游企业提供其业务资格证明的行为进行规范；加强对旅游企业销售宣传活动中的信息监管职能，保证宣传资料、行程安排、接待标准、报价等内容的准确性与真实性。

2. 规范旅游企业在格式合同中提供的信息，建立权威、动态的旅游企业信息制度和预报系统，及时向旅游者提供真实、准确的旅游信息，提高文明旅游的透明度，让游客出行方便、放心。

3. 建立完善信息传递机制，规范旅游企业的信息提供行为，对旅游企业提供其业务资格证明的行为进行规范；加强对旅游企业销售宣传活动中的信息监管职能，保证宣传资料、行程安排、接待标准、报价等内容的准确性与真实性。

4. 依托旅游云平台，建立旅游企业和从业人员文明旅游信息数据库，包含旅游管理机关评价记录、合作企业间互评记录、游客评价记录等内容，记录旅游企业和从业人员的基本信息、良好信息、投诉信息、处罚信息和司法信息。

5. 通过网络经营旅行社业务的，应当依法取得旅行社业务经营许可，并在其网站主页的显著位置标明其业务经营许可证信息。发布旅游经营信息的网站，应当保证网上信息真实、准确。

（二）文明旅游服务设施

1. 设置数量充足、规模适度、设施完善、功能齐全、管理优良的文明旅游咨询服务中心，所设咨询中心设置应符合 GB/T 26354–2010 规定的要求。

2. 建立布局合理的旅游集散中心体系，各类旅游集散中心设施与服务应满足 LB/T 047–2015 要求。

3. 旅游景区要保证移动通信全覆盖，信号流畅，游客活动密集的场所有无线网络；通过建设智慧文明旅游公共服务平台，促进智慧文明旅游景区建设，形成智慧旅游营销系统和全媒体文明旅游信息市场传播系统。

4. 建立数量适宜、分布合理、卫生文明、免费使用的旅游厕所；旅游厕所建设管理应达到 GB/T 18973–2016 规定的要求；旅游高峰期游客活动相对密集的场所配有流动备用厕所；社会服务单位厕所向公众开放。

5. 配置数量充足、布局合理的垃圾筒 / 箱，要求外观干净整洁，垃圾分类回收；主要旅游场所环境整洁，建筑物及各种设施设备维护完好。

（三）企业与导游的文明服务

1. 按照国际公认的旅游 Service（服务）要求：做到微笑服务（smile），出色服务（excellent），随时准备服务（ready），个性化服务（customized service）。为商务旅游者提供便利、迅速、安全地进行商务活动的环境；为健身旅游者提供阳光、海水、海滩、绿色植被、清新空气的自然风光引导。

2. 导游在各旅游目的地，应能用中、英、俄等多种语言如实向游客介绍该地区、该景区的商品内容与特色，如实向游客介绍该景区合法经营的购物场所。导游不得向旅游者兜售物品或者购买旅游者的物品，不得以明示或者暗示的方式向旅游者索要小费；导游进行导游活动，不得与经营者串通欺骗、胁迫旅游者消费。

3. 导游（领队）在旅游过程中，做好文明行为规范的告知和解释，并请游客签字确认，保留书面材料，一旦当游客发生不文明旅游行为后，可为法律维权提供重要证据。在带团过程中，应该就游客不文明旅游的现象（如公共场所吸烟、车内乱扔果皮纸屑、随意涂污等）作重点提示，领队的讲解应关注不同国家或地区与众不同的风俗习惯、法律法规。

四、文明旅游管理国际化标准

（一）旅游管理的国际标准

依据国家 2005 年开始实施的《旅游景区质量等级的划分与评定》（GB/T 1775–2003）有关“服务质量与环境质量评分细则”“景观质量评分细则”“游客意见评分细则”，参照国际化标准组织 ISO9001 景区质量认证、ISO14000 旅游环境管理系列标准，以及“绿色环球 21”对可持续旅游企业标准、可持续旅游区标准、可持续生态旅游标准和可持续设计建设标准等，提升海南文明旅游管理国际化水平。

（二）旅游服务质量管理

1. 建立企业文明旅游产品质量主体责任制，明确企业法定代表人或主要负责人对文明旅游质量负首要责任，企业质量主管员负直接责任；严格执行重大旅游质量事故报告及应急处理制度，切实履行文明旅游质量担保责任与法定义务，依法承担文明旅游质量损害赔偿责任。

2. 旅游消费场所应明确公示旅游经营服务时间，食品卫生应符合国家相关标准规定，餐饮场所达到 GB 16153 规定的卫生要求，为游客提供安全、便捷、优质的消费环境。

3. 完善旅游团队电子行程服务管理系统建设和管理，开展旅游企业质量等级和诚信等级评定，根据旅游企业不同信用等级实施分类管理。

4. 旅游客车驾驶员应有不同车型的驾驶资质。驾驶员衣着得体、不穿拖鞋，保持个人卫生、举止文雅、文明待客。服务过程中自尊自重、遵纪守法，不索取小费，尊重不同国家旅游者的宗教信仰和风俗习惯。接待过程中严防疲劳驾驶，高速公路连续行车白天 4 小时后、夜间 2 小时后应停车休息 20 分钟以上。

5. 每辆旅游客车都要依据《中华人民共和国道路运输管理条例》，安装安全动态智能监控系统，加强对车辆超速、人员超载、疲劳驾驶、违法停车上下客、凌晨 2 点至 5 点间违规运营等监控。

（三）加强旅游市场监管

1. 完善旅游市场综合治理工作机制，形成责权统一、职责清晰的旅游市场监管格局；强化市场监管长效机制，加强对游客文明旅游行为的引导，落实游客不文明行为记录制度。

2. 加强旅游市场综合执法，建立旅游与公安、市场监督、文旅、卫生、气象等部门协调配合的旅游市场治理联动机制和联合执法队伍，重点打击严重扰乱市场秩序的“黑社”“黑导”“黑车”“黑网站”和诱导、欺骗、强迫游客消费等行为。

3. 文旅、市场监督、价格、商务、外汇等有关部门建立对旅行社、旅游景区、旅游饭店、旅游车船、旅游购物场所、乡村旅游点、家庭旅馆、旅游商品生产企业等涉旅企业或单位，以及导游等涉旅从业人员的监督管理机制；定期对旅游合同、文明旅游服务、旅游安全、财务账簿等情况进行监督检查，实现监督工作经常化、制度化、规范化。

4. 加强市县旅游质监执法机构建设，在重点旅游市县积极探索设立旅游警察队伍和市场监管机构；完善导游管理体制，推进导游员工化和导游服务公司实体化改革。

5. 积极推进省市县旅游大数据中心和旅游卫星账户建设，完善旅游统计和旅游综合分析体系。建立科学的文明旅游发展考核评价体系，加大文明旅游工作在政绩考核中的权重，将旅游总人次、入境旅游总人次和旅游总收入纳入市县旅游发展考核指标体系中。

6. 各级旅游主管部门应当配备旅游行政执法监督检查人员；执法人员应当取得地方人民政府颁发的行政执法证件，旅游行政检查和行政执法行为应符合权限，符合文明执法和处罚程序。

（四）旅游信用体系

1. 旅游信用档案。根据国家文旅部将出新规：建立在线旅游行业信用档案的要求，文旅行政部门应在线审查旅游管理机关的评价记录、合作企业间互评记录、游客评价记录等内容；旅游企业和从业人员登记信息、良好信息、投诉信息、行政许可、列入经营异常名录或严重违法失信企业名单、行政处罚等信息，一并列入信用记录。

2. 旅游信用评估。建立在线旅游行业信用评价体系。评价体系有 3 个维度："信用常态"（由文旅部门提供日常信用记录评价）、"信用品质"（由专业部门或第三方评价）、"信用体验"（由游客评价），在线平台对旅游企业进行综合评价，公布信用分，并根据信用分给予不同的奖惩。

3. 全域旅游投诉体系。不断完善"游海南 APP 平台"，构建"1+20+X"全域旅游投诉体系。"1"为省级平台；"20"为三个地级市 +17 个县级市和洋浦经济开发区；“X”为景区（点）、度假区、酒店等。线上平台与线下旅游执法互动，及时处理游客咨询、投诉，规范导游行为，维护市场秩序。也可通过语言投诉、“电话投诉”，打造一个全域旅游时代文化与国际化旅游融合发展的“海南样板”。

4. 鼓励旅游有关部门和单位开发“税易贷”“信易贷”“信易债”等守信激励产品。引导金融机构和商业销售机构参考使用旅游市场主体的信用信息、信用积分和信用评价结果，文明旅游市场主体给予优惠和便利。鼓励和引导经征信业监督管理部门、征信机构或评级机构，依法采集、利用旅游市场的信用信息，对旅游市场经营主体开展信用评估，为交易当事人提供信用服务。

5. 建立旅游信用管理职业培训与专业考评制度。推广旅游信用管理职业资格培训，培养旅游信用管理专业化队伍；旅游信用从业人员、信用管理人员应有定期交流与培训。

五、文明旅游环境国际化标准

（一）景区环境

1. 景区环境卫生干净整洁，树木草坪、步行道无人为损坏，河道、小水沟无黑臭、垃圾漂浮。

2. 各地各类景区建有旅游服务质量信息发布平台；形成旅游核心区旅游承载量超载预警信息发布机制。

3. 建立全省景区有关旅游专业气象、地质灾害、生态环境等监测和预报预警系统；建立旅游安全风险信息的提示发布机制。

4. 在游客活动密集区建立安全风险防范机制；旅游安全风险防范应遵循GB/T 17775 中 4.6.3 的要求；建立旅游突发公共事件的应急预案。

（二）出行交通环境

1. 旅游景点的主要交通站点间应有公共交通，区域道路状况保持良好。

2. 旅游景点开通观光巴士，有符合 LB/T 047（《旅游休闲示范城市》行业标准）要求的慢行系统。

3. 开通延伸至主要旅游区和乡村旅游点的旅游直通车；建设有满足需要的旅游停车场。

4. 推广绿色交通出行方式，绿色公共交通工具占一定比例。

（三）游览购物环境

1. 在集中销售地或特色商品的购物场所应有中、英、俄文标识，购物场所的商业业态应符合街区定位，商品品种丰富，地方特色突出，购物环境整洁、美观、舒适、便利。购物场所定期举办特色商品营销活动。

2. 购物场所有自助式商业设施；宜提供信用卡刷卡消费服务；宜提供商品邮寄服务。

3. 依法严肃查处串通涨价、哄抬价格和价格欺诈行为，积极营造诚实守信的消费购物环境，引导旅游者文明消费。

（四）住宿餐饮环境

1. 旅游景区（点）应有种类丰富、服务规范、档次搭配适宜的接待住宿设施。

2. 发展绿色旅游饭店，占有一定比例，绿色旅游饭店应符合 GB/T 21084、LB/T 007 标准的规定。

3. 应有集中连片的美食街区，多元化餐饮类型，饮食文化本地特色鲜明。

六、文明旅游行为的规范

海南同城“一体化”推进全域文明旅游，依据有关法律、法规，游客的文明旅游应遵守以下规范。

（一）文明着装

1. 在公共场合忌穿过露、过透的服装，忌穿过短、过紧的服装，忌穿款式另类的服装，避免造成视觉污染，给人以不雅的视觉效果。

2. 尊重各国文化风俗，不得穿睡衣、印有图像或不当字词的衣服进清真寺，不准在公共场所和海滩上穿太暴露的泳装。

（二）文明交谈

1. 在交谈中要体现出敬意、友善、得体的气度和风范。学会说“请”“谢谢”等；交谈时不要大声嚷嚷，对他人不得用手指指点点。

2. 忌说外国游客忌讳的言语。英国人忌讳人家问“您去哪儿”“吃饭了吗？”等。港、澳、台同胞忌说不吉利的话，喜欢讨口彩。香港人有喜“8”厌“4”的习惯。加拿大、澳大利亚和墨西哥人等忌讳“13”和星期五。

3. 注意回避容易引起误解和不快的语言。在议论他人长相时，可把“肥胖”改说成“丰满”或“福相”，“瘦”则用“苗条”或“清秀”代之。参加婚礼时，应祝新婚夫妇白头偕老。在探望病人时，应说些宽慰的话，如“你的精神不错”“你的气色比前几天好多了”等。

（三）文明出行

1. 乘坐公共交通工具，主动为老、幼、病、残、孕乘客让座，依次序先下后上，不影响驾驶员安全驾驶，不在公共交通工具内饮食或者携带散发异味的物品。

2. 驾驶机动车主动避让执行紧急任务的消防车、救护车、工程救险车、警车等应急车辆。

3. 盲人在道路上通行，车辆应当避让。在通过没有交通信号、交通标志、交通标线的交叉路口、积水路段时，车辆应当减速慢行。夜间驾车应当使用远光灯。

4. 驾驶和乘坐机动车等交通工具时，不得将身体任何部位和携带的物品伸出车外，不得向车外抛撒物品，不强行变道加塞，不在禁止鸣喇叭的区域或者路段鸣喇叭。

5. 驾驶非机动车时，在非机动车道内行驶，按照交通信号灯指示通行，不逆向行驶，不违反规定载人、载物，不以手持方式使用电话、观看视频。

6. 文明有序停放车辆，在规定范围内停车，不占用人行道、盲道、消防通道、应急车道、无障碍停车位和公交站点停车，不持续占用公共停车泊位。

7. 维护道路交通安全，禁止在机动车道内进行兜售、发送物品、发插卡片广告或者乞讨等妨碍交通安全的行为。

8. 行人应在人行道内行走，通过路口或者人行横道时不得使用手机，不在道路上使用动力装置驱动的平衡车、滑板车等器械。

9. 文明饲养宠物，按照规定对宠物进行免疫、检疫，及时清理宠物在公共场所的排泄物；禁止携带宠物（导盲犬除外）进入室内公共场所或者乘坐公共交通工具；携犬出户时，应当为犬只戴嘴套，由成年人用束犬链牵领；主人遛狗的时候，要尽量让狗远离其他行人，不得让狗对别人的安全造成威胁。

（四）文明游览

1. 遵守社会公德，依次进入、退出游览区；遵守游览的拍照摄像规定，遵守地域和时间约定。如果要与外国游客合影，要事先征得同意。

2. 爱护文物、热爱自然环境，不乱刻乱画，不随地便溺、吐痰，不乱扔果皮、纸屑、烟蒂、口香糖，乱吐槟榔渣汁、甘蔗渣汁，矿泉水瓶等生活垃圾入箱或自己带回，善于纠正其他游客的不文明行为。

3. 在英雄烈士纪念设施、爱国主义教育基地等场所瞻仰、祭扫、参观时，遵守祭扫制度和礼仪规范，不污损相关设施。

（五）文明观赛

1. 按时到场，凭票有序进场。进场要遵守秩序，排队进入，做到不插队，服从工作人员的安排。

2. 找好自己的座位。根据门票上的信息，找到属于自己的座位，不可擅自占领他人的座位。如果没有找到自己的座位，可以咨询场馆里的工作人员。

3. 观赛要文明。看比赛时可以为喜欢的队伍呐喊加油，但要注意文明用语，不得无故大声喧哗。可以进行适当地拍照，但不得因为自己的动作而影响他人的视线。

4. 离场要有序。退离场地时要携带好自身物品，不要把垃圾留下来。离开场馆时要有序进行，可以让老人孩子先行离开，要服从工作人员的引导。

（六）文明餐饮

1. 倡导“公筷公勺”用餐。餐饮单位要遵守《餐饮行业分餐制设施条件与服务规范》，根据用餐人次、规模合理配足备齐公筷公勺，推广自助餐、“分餐制”。

2. 绿色环保用餐。注重营养，追求健康，摈弃酗酒、暴食等不良饮食陋习。珍惜生态资源，不消费国家明令禁止的野生保护动物，从寻常食物中吃出美感和营养。

3. 文明礼仪用餐。倡导餐桌礼仪，遵守用餐秩序，公共场合排队就餐保持“文明一米线”，爱护用餐环境，自觉遵守餐饮场所道德规范，不大声喧哗，不在公共场所吸烟，不带宠物进入餐厅。

4. 践行“光盘”用餐。勤俭节约，传承中华民族节俭美德，告别“爱面子、讲排场、比阔气”消费陋习，适量点餐，合理消费，剩菜打包，养成节约习惯。

5. 餐饮场所诚信安全。餐饮企业要诚实守信经营，食材选择符合食品安全标准，经营场所干净、整洁、卫生，显著位置设立“不剩菜、不剩饭”的温馨提示。

（七）文明旅游奖惩

1. 依法建立旅游“红黑名单”制度，定期对环境卫生、综合秩序最美景区、文明旅游企业、文明旅游导游等列入“红名单”；对失信旅行社、相关企业和失信导游等列入“黑名单”，并通过报纸、广播、电视、网络等媒体，依法将列入失信被执行人和单位的“黑名单”信息、受惩戒情况公之于众，使失信者付出与其失信行为相应的经济和名誉代价，直至被市场淘汰。

2. 每年度对入选“红名单”的国家 4A 级以上旅游景区（省级旅游度假区）、国家 4 星级以上酒店（旅游饭店）、省 4 星级以上乡村旅游点、旅行社、坚持文明旅游服务营销的景区和单位，给予表彰奖励；对失信的景区和单位给予相应的罚款、通报；对旅行社、相关企业和导游严把入口、畅通出口，赏罚分明、奖惩兑现。

3. 加快推进旅游失信被执行人和单位的信用信息共享机制建设，建立健全政府与征信机构、信用评价机构、金融机构之间的信用信息共享机制，推进联合惩戒工作落实。

第九章　文明旅游中英文指引

一、文明旅游国际化标准导向

1. Legal compliance

The organization is in compliance with all applicable local, national and international legislation and regulations including, among others, health, safety, labour and environmental aspects.

1. 符合法规

经营者遵守所有相关的国内与国际法律与法规（包括健康、安全、劳动、环境等各方面）。

2. Reporting and communication

The organization communicates its sustainability policy, actions and performance to stakeholders, including customers, and seeks to engage their support.

2. 报告与宣传

经营者传达可持续旅游之政策、行动与绩效给相关业者与客户，并寻求他们的支持。

3. Customer experience

Customer satisfaction, including aspects of sustainability, is monitored and corrective action taken.

3. 顾客体验

持续测评顾客满意度，并据此适当地、贴切地加以改善。

4. Access for all

... provide access and information for persons with special needs, where appropriate.

4. 为人群提供可进入性

为特殊需求的人群提供适当的可进入性条件与信息。

5. Information and Interpretation

The organization provides information about and interpretation of the natural surroundings, local culture, and cultural heritage, as well as an explanation of appropriate behaviour while visiting natural areas, living cultures, and cultural heritage sites.

5. 资讯与解说

经营者提供周边自然资源、当地文化与文化遗产的相关资讯与解说，并且要告知游客在访问这些自然区域、活的文化与文化遗址时应当遵守的行为规范。

6. Destination engagement

The organization is involved with sustainable tourism planning and management in the destination, where such opportunities exist.

6. 目的地参与

经营者参与可持续旅游目的地的规划与管理。

7. Local entrepreneurs

The organization supports local entrepreneurs in the development and sale of sustainable products and services that are based on the area's nature, history and culture.

7. 扶持当地企业主

经营者应支持当地企业的发展机制与销售具有地方自然、历史与文化特色的可持续产品及服务。

8. Community services

The activities of the organization do not jeopardize the provision of basic services, such as food, water, energy, healthcare or sanitation, to neighbouring communities.

8. 社区服务

经营者的行为不得危及相邻社区的基础服务供给，包括食物、水、能源、医疗卫生等。

9. Cultural interactions

The organization follows international and national good practice and locally agreed guidance for the management and promotion of visits to indigenous communities and culturally or historically sensitive sites in order to minimize adverse impacts and maximize local benefits and visitor fulfilment.

9. 文化互动

经营者在管理与推广游客前往原住民社区、文化与历史敏感区域时，应当遵循国际或国家的优良实践作法与受到当地认可的指导方针，以达到负面影响最小化、当地利益与游客满意度之最大化。

10. Presenting culture and heritage

The organization values and incorporates authentic elements of traditional and contemporary local culture in its operations, design, decoration, cuisine, or shops, while respecting the intellectual property rights of local communities.

10. 展示文化和遗产

经营者重视并将传统和当代地方文化的真实元素融入其营运、设计、装饰、餐饮与店铺中，同时也尊重当地社区的知识产权。

11. Artefacts

Historical and archaeological artefacts are not sold, traded or displayed, except as permitted by local and international law.

11. 工艺品

除国内、国际法律法规的允许之外，不可出售、交易或陈列具有历史和考古意义的工艺品。

12. Energy conservation

Energy consumption is measured by type and steps are taken to minimize overall consumption. The organization makes efforts to increase its use of renewable energy.

12. 节约能源

监测能源消耗的种类，运用有效措施减少耗能总量，并尽力提升可再生能源的利用比重。

13. Greenhouse gas emissions

Significant greenhouse gas emissions from all sources controlled by the organization are identified, calculated where possible and procedures implemented to avoid or to minimize them. Offsetting of the organization's remaining emissions is encouraged.

13. 温室气体减排

经营者必须对所有可能排放温室气体的源头进行监控，并实施减少排放量的程序以及补偿剩余排放量的鼓励机制。

14. Transport

The organization seeks to reduce transportation requirements and actively encourages the use of cleaner and more resource efficient alternatives by customers, employees, suppliers and in its own operations.

14. 交通运输

经营者设法减少交通运输，并在自家营运范围内鼓励顾客、员工、供货商使用清洁能源或节省能源的运输方式。

15. Minimize pollution

The organization implements practices to minimize pollution from noise, light, runoff, erosion, ozone-depleting substances, and air, water and soil contaminants.

15. 减少污染

经营者应采取措施以减少来自噪声、亮光、径流、侵蚀、消耗臭氧层化合物以及空气、水、土壤污染物所造成的污染。

16. Biodiversity conservation

The organization supports and contributes to biodiversity conservation, including through appropriate management of its own property. Particular attention is paid to natural protected areas and areas of high biodiversity value. Any disturbance of natural ecosystems is minimized, rehabilitated and there is a compensatory contribution to conservation management.

16. 保护生物多样性

经营者应当支持并致力于生物多样性保育，包括适当的物业管理，并高度关注自然保护区与高度生物多样性区域。尽可能减少对自然生态系统的干扰行为，通过休养生息等保育管理措施对自然生态系统进行有益的补偿。

17. Visits to natural sites

The organization follows appropriate guidelines for the management and promotion of visits to natural sites in order to minimize adverse impacts and maximize visitor fulfilment.

17. 参访自然景观景点

经营者应当遵循指导方针来适当地管理与推广自然景观景点，以极小化环境不利影响与极大化参观者的满意度。

二、文明旅游国际化标准中英文标牌标识

（一）文明出行

1. 机场：检票处（Check In）/ 停车场（Parking Lot）/ 卫生间（Toilet）/ 请勿吸烟（No smoking）/ 休息室（Lounges）/ 外币兑换（Foreign Currency）/ 严禁携带易燃易爆等物品（Dangerous Articles Prohibited）/ 停车场收费处（Parking Fee Booth）/ 出发（Departure）/ 到达（Arrival）/ 机场（Airport）/ 行李大厅（Baggage Hall）/ 机场巴士（Shuttle Bus）/ 长途换乘（Coach Station）/ 超大行李托运（Oversized Baggage）/ 地铁（Metro）/ 到达航班信息（Flight Arrivals Information）/ 国内出发（Domestic Departures）/ 登机门（Gates）/ 转机柜台（Transfer Counter）/ 行李领取（Baggage Claim）/ 安全检查（Security Check）/ 医务室（Clinic）/ 出租车（Taxi）/ 吸烟区（Smoking Area）

2. 码头：售票处（Ticket Office）/ 入口（Way In）/ 出口（Way Out）/ 行李寄存（Left Luggage）/ 咨询电话（Information Call）/ 救援电话（Emergency Call）/ 投诉电话（Complaining Call）/ 公用电话（Telephone）/ 客船码头（Ferry Terminal）/ 老年人、残疾人、军人优先（Priority for Seniors and Disabled）/ 残疾人专用（Disabled Only）/ 请按顺序排队（Please Line Up）/ 暂停售票（Temporarily Closed）/ 请勿挤靠（Keep Clear of the Door）

3. 车站：终点站（Terminus）/ 始发站（Departure Station）/ 站台（Platform）/ 公交车站（Bus Station）/ 公共汽车优先（Bus Priority）/ 请勿挤靠车门，以免发生危险（For your safety，please clear of the door）

4. 道路：小心路滑（Slippery When Wet）/ 保持车距（Maintain Safe Distance）/ 事故多发点（Accident Area）/ 此路不通（Dead End）/ 指路标志（Guide Sign）/ 旅游

标志（Tourist Sign）/ 警告标志（Warning Sign）/ 指示标志（Mandatory Sign）/ 注意行人（Watch Out for Pedestrians）/ 干道（Main Rd）/ 国道（National Rd）/ 省道（Provincial Rd）/ 县道（County Rd）/ 一般道路（Ordinary Rd）/ 城市道路（Urban Rd）/ 辅路（Side Rd）/ 公路（Highway）/ 高速公路（Expressway）/ 应急停车带（Emergency Stop Area）

5. 动车高铁：高铁出发层（High-speed Railway Departure）/ 火车售票处（Train Tickets）/ 饮水处（Drinking Water）/ 小心站台间隙（Caution，Gap）/ 服务台（Service Desk）

6. 安检：边防检查（Frontier inspection）/ 检疫（Quarantine）/ 报关（Customs Declaration）/ 绿色通道（Green Channel）/ 红色通道（Red Channel）/ 报关物品（Goods to Declare）/ 过境（Transit）/ 特别通道（Special Channel）/ 中国公民（Chinese Nationals）/ 外国人（Foreigners）

7. 高速服务区：超市（Supermarket）/ 加油站（Filling Station）/ 维修区（Auto Repair）/ 休息区（Rest Area）/ 下一出口（Next Exit）/ 危险品车（Dangerous Cargo）/ 控制车速（Speed Control）

（二）文明餐饮

餐饮（Restaurant）/ 菜单（Menu）/ 收银处（Cashier）/ 快餐（Fast Food）/ 商务快餐（Ready Meals）/ 拉（Pull）/ 推（Push）/ 请您保管好自己的物品（Take Care of Your Belongings）/ 西餐厅（Western Restaurant）/ 中餐厅（Chinese Restaurant）/ 咖啡厅（Café）/ 美食城（Food Palace）/ 美食街（Food Street/Food Court）/ 美食广场（ Food Plaza）/ 禁止鸣笛（No Horn）/ 酒吧（Bar/Pub）/ 民族特色街（Ethnic Culture Street）/ 风味小吃（Local Snacks）/ 小吃店（Snack Bar）/ 商业步行街（Shopping and Pedestrian Street）/ 便利店（Convenience Store）/ 食

品店（Food Store）/ 购物中心（Shopping Center）/ 百货商场（Department Store）

（三）文明购物

地下车库入口（Underground Parking Access）/ 小心台阶（Watch your steps）/ 安全出口（Exit）/ 小心玻璃（Caution！ Glass）/ 客梯（Lift）/ 购物指南（Shopping Guide）/ 消费者服务处（Customers Services）/ 延长开放时间（Extended opening hours）/ 百货区（Department Store）/ 食品区（Food Area）/ 试衣间（Fitting Room）/ 严禁攀爬（No Climbing）/ 生鲜区（Fresh Area）/ 收银出口（Cashier exports）/ 仓库（Warehouse）/ 视频监控（Monitored by video camera）/ 暂停服务（Pause Ministry）/ 当心滑跌（Caution, slip）/ 小心碰头（Mind your head）

（四）文明游览

1. 景区景点：游道（Tourist Path）/ 主游路线（Primary Tourist-line）/ 次游路线（Secondary Tourist-line）/ 景区全景图（Tourist Map）/ 无障碍旅游线路（Accessible Tourist-line）/ 游客中心（Tourist Center）/ 导游服务处（Tour Guide Office）/ 最佳拍摄点（Photo Spot）/ 您现在的位置（Your Current Location）/ 游客止步（Employees/Staff Only）/ 请勿跨越（No Crossing）/ 请勿拍照（No Photo）/ 请勿触摸（No Touching）/ 垃圾箱（Trash）/ 游船码头（Cruise Terminal）/ 休息处（Rest Area）/ 自动售票处（Automatic Ticket Machine）/ 严禁攀登（No Climbing）/ 禁止游泳（No Swimming）/ 禁止钓鱼（No Fishing）/ 服务项目（Service Directory）/ 景区简介（Introduction）

2. 乡镇：陈列室（Exhibition Room）/ 展区（Exhibition Area）/ 展厅（Exhibition Hall）/ 故居（Former Residence）/ 团体接待（Group Tour）/ 表演区（Performance Area）/ 游乐园（Amusement Park）/ 儿童乐园（Children’s Playground）/ 民族歌舞

（Folk Dances）/ 手工艺展示（Handicraft Display）/ 特色餐饮（Food Specialties）

3. 会展：入场券（Admission Ticket）/ 出席者（Attendee）/ 展台（Booth）/ 大会堂（Plenary Hall）/ 大宴会厅（Ballroom）/ 商务中心（Bussiness Center）/ 多功能厅（Function Room）/ 报告厅（Auditorium）/ 专业展出馆（Specialized Pavilion）/ 服务指南（Service Kit）/ 宣传资料（Sale Literature）/ 公交枢纽（Public Tansit Hub）/ 参展商手册（Exhibitor Manual）/ 参观指南（Exhibit Directory）/ 会议代表签到（Convention Registration）/ 论坛（Forum）/ 国家贸易投资综合展（Exhibition of countries）/ 企业商业展（Exhibition of businesses）/ 展会（Exhibiton）

（五）文明娱乐

身份证登记处（Registration）/ 禁止未成年人进入（Adults Only）/ 吧台（Bar）/ 节约用电（Please Save Electricity）/ 请勿随地吐痰（No Spitting）/ 请保持场所内清洁（Please Keep the Area Clear）/ 游戏厅（Video Game Room）/ 电影院（Cinema）/ 找零请当面点清（Please check your change before leaving）/ 请上二楼（Upstairs to Floor 2）/ 保持安静（Quiet Please）

（六）文明游玩

1. 参观场馆：科技馆（Science&Technology Hall）/ 导览册（Guide Book）/ 市级文物保护单位（ Municipality Protected Historic Site/City Protected Historic Site）/ 动物园（Zoo）/ 植物园（Botanical Garden）/ 盆景区（Mini-Scape Garden）/ 景观（Scenery）/ 庙（Temple）/ 爱国主义教育基地（Patriotic Education Base）

2. 海滩：浅水区（Shallow Water）/ 深水区（Deep Water）/ 水上运动（Aquatic Sports）/ 滑水（Surfing）/ 潜水（Scuba Diving）/ 水上漂流（Drifting）

3. 体育场馆：请勿外带食品（No Food from Outside）/ 易碎（Fragile）/ 小心轻放（Handle with Care）/ 禁坐栏杆（No Sitting on the Handrail）/ 营业时间（Open Hours）/ 场馆示意图（Sketch Map）/ 更衣室（Locker Room）/ 不外售（Not for Sale）

（七）文明住宿

酒店：住宿（Hotel）/ 电梯（Elevator）/ 前台（Reception）/ 商品部（Shopping Area）/ 客房（Guest Room）/ 大堂经理（Assistant Manager）/ 请节约用水（Please Save Water）/ 请节约用纸（Please Use Less paper）/ 温馨提示（Polite Notice）/ 小心台阶（Watch Your Step）/ 失物招领（Lost and Found）/ 健身房（Gymnasium）/ 免费上网（Free Internet Access）/ 茶水房（Watering Room）/ 酒店大堂（Hotel Lobby）/ 紧急出口（Emergency Exit）/ 自动扶梯（Escalator）/ 紧急疏散指示图（Evacuation Chart）

附　录
海南文明旅游国际化标准主要名词解释

1. ISO：是国际标准化组织（International Organization for Standardization）名称的英文缩写。国际标准化组织是由多国联合组成的非政府性国际标准化机构。国际标准化组织 1946 年成立于瑞士日内瓦，负责制定在世界范围内通用的国际标准，以推进国际贸易和科学技术的发展，加强国际间经济合作。到目前为止，ISO 有正式成员国 120 多个，我国是其中之一。每一个成员国均有一个国内标准化机构与 ISO 相对应。

ISO 的技术工作是通过技术委员会（简称 TC）来进行的。根据工作需要，每个技术委员会可以设若干分委员会（SC），TC 和 SC 下面还可设立若干工作组（WG）。ISO 技术工作的成果是正式出版的国际标准，即 ISO 标准。

2. ISO14000：是国际标准化组织负责起草的一份国际标准。ISO14000 是一个系列的环境管理标准，它包括了环境管理体系，环境审核、环境标志、生命周期分析等国际环境管理领域内的许多焦点问题，旨在指导各类组织（企业、公司）取得和表现正确的环境行为。

3. ISO9000：是质量管理和质量保证的一组序号，也称之为“族”。

ISO9000 系列国际标准被称作 ISO9000 族，是可以帮助各种类型的企业实施并运行有效的质量管理体系。

ISO9001质量管理体系是国际化标准组织制定的，具有很强的约束力，注重过程控制，以预防为主，并不断改进的质量管理体系。

它的核心内容是：以满足影响顾客及其他受益者活动质量的全部因素都处于严格的受控状态，并通过不间断的质量体系审核及管理评审，不断改进和提高质量管理水平，确保预期的质量目标得以实现：核心思想是“预防为主，过程控制，持续改进”。

4. 绿色环球21（Green Globe 21）：是当今世界上唯一涵盖旅游全行业的全球性可持续发展标准体系。它源于1992年在巴西里约热内卢举行的联合国环境与发展大会，后成为世界182个国家批准的《21世纪议程》中的可持续发展原则。1994年由世界旅行旅游理事会（ World Travel and Tourism Council, WTTC）正式创立。推出绿色环球21标准的目的就是要在全球、各国以及各地区范围内全面改善环境、社会和文化形象。

绿色环球21的标准体系主要有：旅游企业标准，国际生态旅游标准（2002年10月正式颁布），旅游社区标准（正在研制和试点中），旅游设计和建设标准（研制中）。

5. 旅游资源（tourism resources）：自然界和人类社会，凡能对旅游者有吸引力，能激发旅游者的旅游动机，具备一定旅游功能和价值，可以为旅游企业开发利用，并能产生经济效益、社会效益和环境效益的事物和因素。

6. 旅游景区（tourism attraction）：是指具有参观游览、休闲度假、康乐健身等功能，具备相应旅游服务设施并提供相应旅游服务的独立管理区。该管理区应有统一的经营管理机构和明确的地域范围。

7. 可持续旅游（sustainable tourism）：在满足现有旅游者与地方社区居民需求的同时，保护与增强未来的发展机会。可持续发展的核心是：经济效率、社会公平与环境完整的统一。

8. 生态旅游（ecotourism）：以吸收自然和文化知识为取向，尽量减少对生态环境的不利影响，确保旅游资源的可持续利用，将生态环境保护与公众教育同促进地方经济社会发展有机结合的旅游活动。

9. 主题公园（theme park）：是主题性的舞台化休闲娱乐活动空间。它可以是完全的人文创意的，也可以是基于遗产的创意旅游空间。

10. 自然保护区（natural reserve）：是指对有代表性的自然生态系统、珍稀濒危野生动植物物种的集中分布区、有特殊意义的自然遗迹等保护对象所在的陆地、陆地水体或者海域，依法划出一定的面积予以保护和管理的区域。

11. 历史文化名城（national famous historical and cultural cities）：国务院批准，保存文物特别丰富并且具有重大历史价值或革命意义的城市，由国务院核定公布为历史文化名城。

12. 旅游景区的门票价格（ticket price of tourist attractions）：狭义上是指游客为了获得游览参观景区的观赏许可，向游览参观景区的经营单位付出的门槛费用。广义上是指包括自然景区、文化景区、大型活动、休闲、娱乐等观赏和参与费用以及景区内为观赏景观配套服务的载人运输工具费用、导游讲解服务费等。

13. 创意旅游（creative tourism）：是指用创意产业的思维方式和发展模式整合旅游资源创新旅游产品锻造旅游产业链。它是一种适应现代经济社会发展转型的全新的旅游模式。

14. 国家级旅游度假区（national tourist resort）：是指符合国际度假旅游要求、接待海内外旅游者为主的综合性旅游区，有明确的地域界限，适于集中建设配套旅游设施，所在地区旅游度假资源丰富，客源基础较好，交通便捷，对外开放工作已有较好基础。与国家级风景名胜区等自然保护区域不同的是，国家旅游度假区属国家级开发区。

15. 滨海景区沙滩（attraction beach）：滨海景区内向公众开放，适宜游人进行休闲活动的位于海边由砂质沉积物构成的岸线或斜岸区域。

16. 沙滩娱乐指数（beach entertainment index）：综合考虑沙滩自然状况，包括沙滩长度，涨潮线上宽度，前滨坡度，滩肩坡度，砂质颗粒成分，及色、嗅、味，赤潮，天气现象，气温，风力等因素，得到的适宜在滨海旅游区沙滩上开展各种休闲娱乐活动的指标。

17. 工业旅游（industrial tourism）：以工业企业、工业集聚区、工业展示区域、工业历史遗迹以及反映重大事件、体现工业技术成果的特色工程和项目为主要吸引物的有形资产或无形资产，开展参观、游览、体验、购物等活动的旅游。

18. 旅游产品（tour product）：旅行社向旅游者提供的以旅游吸引物、旅游设施和策划安排为主要构成的旅游线路或项目，以及附着其上的配套服务。

19. 城市旅游集散中心（city tourist transportation center）：为游客（主要是散客）提供旅游集散、咨询、换乘，同时具有旅游公共服务功能的组织实体。

20. 旅游集散服务（tourist transportation service）：通过发售联票等方式组织游客来本地、外地旅游，或组织游客在城市旅游集散中心就地换乘后继续游程的旅游服务。

21. 旅游咨询服务（tourist consulting service）：通过专门培训的人员或有关载体，向游客提供有关旅行、游览、休闲、度假等活动相关信息的非商业性咨询服务。

22. 旅游换乘服务（tourist interchange service）：为进入本地区、景区的旅游车辆提供停放场地，为游客提供旅游专线交通工具到达目的地的旅游服务。

23. 旅游休闲示范城市（demonstration city of tourism and leisure）：旅游休闲示范城市是指旅游休闲功能突出、旅游休闲产业完善、旅游休闲环境和谐、能同时满足旅游者和本地居民旅游休闲需求、在全国具有典型示范意义的城市。

24. 旅行社（travel agency）：为旅游者提供相关旅游服务，开展国内旅游业务、入境旅游业务或出境旅游业务，并独立核算的企业。

25. 在线经营（online operating）：通过互联网展示产品、提供在线交易和相应服务的行为。

26. 温泉旅游（hot spring tourism）：以温泉（含地热蒸气、矿物泥或冷泉）为载体，以沐浴、泡汤和健康理疗为主，提供参与、体验和感悟温泉养生文化的相关产品，达到休闲、疗养及度假等目的的活动。

27. 温泉旅游企业（tourist hot spring enterprise）：利用温泉资源，以提供温泉服务及相关服务的经济组织。

28. 温泉（hot spring）：从地下自然涌出或人工采集，并含有多种对人体有益的矿物质及微量元素，且水温≥ 25℃的矿水。

29. 冷泉（cold spring）：从地下自然涌出或人工采集，并含有多种对人体有益的矿物质及微量元素，且水温 <25℃的矿水。

30. 文明旅游示范区（civilized tourism demonstration zone）：在提供游览服务、文明引导、旅游安全、环境保护、服务质量等方面具有示范性，符合本标准要求并通过评定的文明旅游区域。

31. 文明旅游示范单位（civilized tourism demonstration institution）：积极推动文明旅游，在引导旅游者、旅游从业人员文明行为等方面具有示范性的单位。

32. 旅游基础信息资源（fundamental tourism information resources）：在旅游领域产生，具有载体形式、可供利用且最稳定的信息总称。

33. 旅游厕所（tourism toilet）：旅游景区、旅游线路沿线、交通集散点、乡村旅游点、旅游参观、旅游娱乐场所、旅游街区等旅游活动场所的主要为旅游者服务的公共厕所。

34. 无障碍厕位（water closet compartment for wheelchair users）：公共厕所内设置的带坐便器及安全抓杆且方便行动障碍者进出和使用的带隔间的厕位。

35. 无障碍小便位（accessible urinal）：方便行动障碍者使用的带安全抓杆的小便位。

36. 家庭卫生间（family toilet）：为行动障碍者或协助行动不能自理的亲人（尤其是异性）使用的厕所。如女儿协助老父亲，儿子协助老母亲，母亲协助小男孩，父亲协助小女孩，配偶间互助等。

37. 男女通用厕间（no-gender toilet）：无性别限定的如厕单间，男女均可使用，通过如厕锁门实现安全及隐私保护。

38. 厕所服务区域（toilet service coverage）：在对游客开放的区域内，按照规划属于某厕所服务的范围即为该厕所的厕所服务区域。如无明确规划，则在对游客开放的区域内所有沿路线到达该厕所比到达其他厕所更快捷的区域都属于该厕所的厕所服务区域。

39. 厕所服务区域最不利点（the least convenient point in the toilet service coverage）：厕所的服务区域内，沿路线到达该厕所所需时间最长的点即服务区域最不利点。

40. 厕所服务区域最大距离（the farthest distance in the toilet service coverage）：厕所的服务区域内，沿路线到达该厕所的最大距离为厕所服务区域最大距离。

参考文献

一、全球可持续旅游标准文件

全球可持续旅游目的地标准（GSTC-D）

GSTC Industry Criteria 全球可持续旅游议会：产业标准

GSTC Hotel Criteria 全球可持续旅游议会：酒店业标准

GSTC Tour Operator Criteria 全球可持续旅游议会：旅游经营商标准

二、国内文明旅游相关文件

中华人民共和国旅游法

中国公民出境旅游文明行为指南

中国公民国内旅游文明行为公约

中央文明委《关于进一步加强文明旅游工作的意见》

国家旅游局《关于全面推进旅游标准化试点工作的通知》

国家旅游局《关于印发〈旅游市场监督检查规范（试行）〉的通知》

国家旅游局《关于印发〈旅游质量发展纲要（2013—2020）〉的通知》

国家旅游局《关于旅游不文明行为记录管理暂行办法》

旅游经营服务不良信息管理办法（试行）

中国公民出国旅游管理办法

海南省旅游条例

海南省建设国际旅游消费中心的实施方案

海南省旅游发展总体规划（2017—2030）

海南省旅游标识标牌建设规划（2017—2020）

海南省人民政府办公厅《关于加强旅游市场综合监管的通知》

国务院《关于推进海南国际旅游岛建设发展的若干意见》

中共中央办公厅、国务院办公厅印发《国家生态文明试验区（海南）实施方案》

海南省人民政府办公厅《关于印发提升海南旅游国际化水平三年行动计划（2018—2020）的通知》